Christine Schub

Lernstationen inklusiv

Gesunde Ernährung

Differenzierte Materialien für den inklusiven Sachunterricht

D1728978

Die Autorin

Christine Schub studierte Lehramt für die Förderschule in den Fächern Deutsch, Heimat- & Sachunterricht und in den Fachrichtungen *Geistige Entwicklung und Lernen*. Nach einem Referendariat arbeitete sie integrativ und inklusiv an zwei Grundschulen in Schleswig-Holstein. Derzeit ist sie als Förderschullehrerin in Nordrhein-Westfalen tätig.

5. Auflage 2022
© 2014 PERSEN Verlag, Hamburg

AAP Lehrerwelt GmbH
Veritaskai 3
21079 Hamburg
Telefon: +49 (0) 40325083-040
E-Mail: info@lehrerwelt.de
Geschäftsführung: Christian Glaser
USt-ID: DE 173 77 61 42
Register: AG Hamburg HRB/126335
Alle Rechte vorbehalten.

Autorschaft: Christine Schub
Covergestaltung: TSA&B Werbeagentur GmbH, Hamburg
Illustrationen: Jennifer Spry, Mele Brink
Satz: Satzpunkt Ursula Ewert GmbH, Bayreuth
Druck und Bindung: Korrekt Nyomdaipari Kft., Budapest

ISBN: 978-3-403-23361-9
www.persen.de

Inhalt

Einführung

Einsatz des Ernährungsbuches

Die Tatsache, dass immer mehr Kinder unter Übergewicht leiden oder sogar adipös sind, verdeutlicht die Wichtigkeit, sich mit der Thematik gesunde Ernährung auseinanderzusetzen und damit schon bei den Grundschulkindern anzufangen. Kinder haben oft ein gutes Gespür, was gut und was schlecht für sie ist. Dieses Gespür zu sensibilisieren und es zu stärken ist eine wichtige Aufgabe. Nicht immer haben Kinder die Möglichkeit, im Elternhaus mit einer gesunden Ernährungsweise in Kontakt zu kommen. Umso wichtiger ist es, ihnen das nötige Wissen mit auf den Weg zu geben.

Das **Ernährungsbuch** ist so konzipiert, dass es im Grunde einfach zu handhaben ist. Die einzelnen Seiten können samt Deckblatt kopiert, geheftet und dann den Kindern ausgehändigt werden. Es ist aber auch möglich, sich jede Stunde gemeinsam einer Aufgabe zu widmen und das Buch erst am Ende der Einheit zusammenzuheften. Ebenso können die Aufgaben im Stationsbetrieb bearbeitet werden. Welches Vorgehen man wählt, hängt davon ab, ob die Schüler ein freies und selbstständiges Arbeiten gewöhnt sind, oder ob sie mehr Anleitung brauchen. Insgesamt besteht das Buch aus sechs Lernstationen zu verschiedenen Themengebieten. Die Nummerierung der Themengebiete dient der Orientierung und stellt keine einzuhaltende Reihenfolge dar. Sie können jederzeit ein Thema überspringen oder die Bearbeitungsreihenfolge verändern. Verteilen Sie zu Beginn der Einheit fertig kopierte und geheftete Ernährungsbücher an Ihre Schüler, so können Sie auch in diesen die Reihenfolge der Bearbeitung freistellen. Nichtsdestotrotz können Sie mit Ihren Schülern Termine vereinbaren, zu denen bestimmte Aufgaben bearbeitet sein müssen, sodass Sie darauf aufbauend eine gemeinsame Aufgabe mit allen gleichzeitig lösen können.

Die Aufgaben im **Ernährungsbuch** sind mehrfach differenziert, sodass Sie für jedes Kind entsprechend seiner Fähigkeiten den passenden Schwierigkeitsgrad wählen können. Jedes Kind erhält so sein individuelles Ernährungsbuch, in dem es selbstständig arbeiten kann. Das Piktogramm mit dem Apfel oben auf den Seiten kennzeichnet den Schwierigkeitsgrad. Je mehr Äpfel, desto schwerer die Aufgabe.

Das Buch und die einzelnen Aufgaben können auch in Gruppen- oder Partnerarbeit gelöst werden. Partnerarbeit ist insbesondere dann sinnvoll, wenn Sie schwache Leser in der Klasse haben. Diese sollten nach Möglichkeit mit einem versierten Leser zusammenarbeiten. Eine andere Möglichkeit ist die Gründung von Lesepatenschaften. Ein schwacher Leser bekommt einen versierten Lesepartner, den er immer aufsuchen darf, wenn er einen Text nicht allein lesen kann. Abgesehen davon, muss keine engere Zusammenarbeit zwischen den beiden entstehen.

Auf einem Elternabend kann auf das bevorstehende Thema aufmerksam gemacht und um Unterstützung der Eltern gebeten werden. Falls kein Elternabend ansteht, können Sie den **Elternbrief** kopieren.

Eine Aufgabe im Ernährungsbuch ist das **Ernährungstagebuch**. Hier sollen die Schüler eine Woche lang dokumentieren, was sie an einem Tag zu sich nehmen. Die Dokumentation kann

Christine Schub: Lernstationen inklusiv – Gesunde Ernährung
© Persen Verlag

sehr exakt mit Grammangaben oder auch allgemeiner gehalten werden. Ersteres Vorgehen wäre eine Differenzierung nach oben.

Das Ernährungstagebuch ist dreifach differenziert. Sehr fitte Schüler schreiben die verzehrten Lebensmittel auf, fitte Schüler schreiben oder zeichnen und schwächere Schüler dürfen die Lebensmittel ausschneiden und aufkleben. Eine Bildersammlung von bekannten Lebensmitteln kann mehrfach kopiert mitgegeben werden, damit die Schüler nicht selbst auf Bildersuche gehen müssen. Fehlen Bilder, können diese entweder vom Schüler selbst aus Prospekten ausgeschnitten, aus dem Internet gedruckt oder von der Lehrkraft nachgereicht werden.

Sie sollten mit den Schülern besprechen, wie genau Sie die Dokumentation wünschen. Reicht es aus aufzulisten, dass man Nudeln gegessen hat, oder soll auch die Art und Sorte benannt werden? Auch hier können Sie differenzierte Aufgabenstellungen finden.

Die Schüler stellen nach einer Woche ihr Tagebuch vor und bringen das Nahrungsmittel mit, welches sie am häufigsten zu sich genommen haben. Es kann eine Beliebtheitsskala an der Tafel erstellt werden. Zur Vorsicht können Sie zur Wochenmitte einen Blick auf das Tagebuch werfen und häufig auftauchende Lebensmittel selbst mitbringen. Sofern es sich um nicht schnell verderbliche Lebensmittel handelt, können diese vorerst im Klassenraum gelagert werden.

Einsatz der Lernstationen

Die **Ernährungspyramide** gibt einen ersten Überblick über verschiedene Nahrungsgruppen sowie über ihre mengenmäßige Hierarchisierung. Dieses Arbeitsblatt ist zweifach differenziert. *Ernährungspyramide 1* befasst sich mit dem allgemeinen Aufbau der Pyramide. Die Kopiervorlagen zur Ernährungspyramide können einmal auf DIN A3 kopiert und laminiert werden und gemeinsam mit den Schülern an der Tafel bearbeitet werden. *Ernährungspyramide 2* befasst sich mit der Zuordnung. Nachdem den Schülern deutlich geworden ist, wie die Pyramide aufgebaut ist, sollen sie verschiedene Lebensmittel den entsprechenden Stufen zuordnen. Vor allem schwächere Schüler können hier gut üben und ihr Wissen durch Anwenden festigen.
Des Weiteren können diese Materialien für Freiarbeitsphasen im Klassenraum verbleiben. Natürlich können andere oder weitere Bilder von Lebensmitteln aus Prospekten ausgeschnitten und zugeordnet werden. Es bietet sich an, diese Zuordnung auch einmal mit echten Lebensmitteln zu machen. Hierzu kann jedes Kind beauftragt werden, ein bestimmtes Nahrungsmittel mitzubringen. Reicht die Zeit aus, kann auch gemeinsam eingekauft werden, wobei jeder Schüler für ein bestimmtes Nahrungsmittel verantwortlich ist. Zur Vorbereitung für den Stationsbetrieb werden die Kopiervorlagen Ernährungspyramide 1 und Ernährungspyramide 2 in beiden Differenzierungsstufen auf DIN A3 kopiert und laminiert, ausgeschnitten und auf dem Stationstisch zusammen mit verschiedenen Lebensmitteln ausgelegt. Die Kinder puzzeln die Pyramide zusammen und ordnen die Lebensmittel ein. Dies können sie dann als Orientierung für die Arbeitsblätter nutzen.

Das Arbeitsblatt **Obst und Gemüse 1** ist vierfach differenziert. Hier kann ein erster Eindruck gewonnen werden, welche Sorten den Kindern bereits bekannt sind. Sehr fitte Schüler bekommen ein Arbeitsblatt mit den Bildern und müssen selbst die richtigen Namen hinzuschreiben.

Einführung

Differenzierungsstufe zwei gibt eine kleine Hilfestellung durch die Auflistung der richtigen Obst- und Gemüsenamen, die aber noch dem richtigen Bild zugeordnet werden müssen. Stufe drei ist identisch der Stufe zwei, eignet sich aber insbesondere für Schüler mit Schwierigkeiten im schriftsprachlichen und motorischen Bereich. Hier müssen Bild und Schriftbild miteinander verbunden werden. Auf der letzten Stufe müssen die Bilder in der richtigen Farbe angemalt werden. Diese Aufgabe findet sich ebenfalls bei den drei vorausgehenden Stufen. Eine weitere Differenzierung ist durch die Anzahl der Arbeitsblätter möglich. Es gibt je zwei Blätter mit Obst- und Gemüsebildern. Auf dem ersten Blatt befinden sich bekanntere Sorten. Hier kann die Lehrkraft entscheiden, ob sie ggf. Blätter mit weniger bekannten Obst- oder Gemüsesorten bei einzelnen Schülern weglässt. Eine Blanko-Vorlage bietet die Möglichkeit, eigene Obst- oder Gemüsebilder anzufügen. Ebenfalls bietet es sich an, die Schüler ihr Lieblingsobst und/oder Gemüse mit in die Schule bringen zu lassen und diese mit ihnen zu besprechen (Name, Aussehen, Anbau etc.). In jedem Fall sollten den Kindern ein realer und echter Umgang mit Obst und Gemüse ermöglicht werden.

Dazu eignet sich die Aufgabe *Obst und Gemüse – Der Sinnestest*. Die Kinder sollen dargebotene Obst- und Gemüsesorten erfühlen und „erschmecken". Entweder setzen Sie dafür das Arbeitsblatt *Obst und Gemüse – Der Sinnestest* ein, welches Ihnen keine Vorgaben macht. Der Vorteil hierbei ist, dass Sie auf Wünsche und Vorerfahrungen Ihrer Schüler eingehen können. Außerdem können Sie auf saisonale und regionale Produkte zurückgreifen. Der Nachteil: Schüler, die nur wenig mit frischen Produkten in Kontakt kommen, wird es schwerer fallen, ohne Anhaltspunkte die Lösungen zu erraten. Um diesen Nachteil auszugleichen, können Sie das Arbeitsblatt *Obst und Gemüse – Der Sinnestest* mit Vorgaben einsetzen. Alternativ können Sie diese beiden Arbeitsblätter auch als Differenzierung nutzen. Kinder, die auf viel Vorerfahrung zurückgreifen können, erhalten das Arbeitsblatt ohne Vorgaben, alle anderen das Arbeitsblatt mit Vorgaben. Lassen Sie die Kinder in Partnerarbeit arbeiten.

Die Aufgabe **Obst und Gemüse 2** verlangt von den Schülern die Unterscheidung von Obst und Gemüse. Der Text *Obst und Gemüse – Der Unterschied* kann gemeinsam oder in Kleingruppen gelesen werden. Die dazugehörigen Aufgaben dürften von den meisten Schülern selbstständig gelöst werden. Das mitgebrachte Obst und Gemüse kann im Anschluss ebenfalls nach Obst und Gemüse sortiert werden. Entweder zum Abschluss einer Stunde gemeinsam mit der Klasse oder jeweils in Kleingruppen. Wer mag, kann auch ein Spiel daraus machen. Ein Schüler schließt die Augen und muss ein Obst- oder Gemüsestück ertasten. Anschließend darf er das Obst- oder Gemüsestück benennen und einordnen. **Obst und Gemüse 3 – Gut zu wissen!** ist ein anspruchsvolleres Arbeitsblatt und eine gute Differenzierung nach oben.

Durch die Aufgabe **Obst und Gemüse 4 – Erntezeit** erfahren die Schüler, wann das bei uns angebaute Obst und Gemüse geerntet werden kann. Auch hier haben Sie die Möglichkeit, weitere Obst- und Gemüsesorten hinzuzufügen und so quantitativ zu differenzieren. Sie sollten den Schülern Material zur Recherche bereitstellen, wie Fachbücher oder ein Erntekalender. Es kann auch ein Fachmann eingeladen oder besucht werden, der dann im Gespräch Antworten auf die Erntezeiten geben kann.

Zum Schluss soll in diesem Themenblock (Obst und Gemüse) *ein Referat* (Obst und Gemüse 6) gehalten werden. Die Schüler können sich eine Obst- oder Gemüsesorte aussuchen. In ih-

Christine Schub: Lernstationen inklusiv – Gesunde Ernährung
© Persen Verlag

rem Referat sollte als Minimalanforderung Name, Aussehen und Erntezeit der gewählten Sorte genannt werden. Weitere Informationen können von Ihnen je nach Fähigkeiten und Belastbarkeiten des einzelnen Schülers oder der Schülergruppe festgelegt werden. Sie sollten mit Ihren Schülern besprechen, wie man einen Vortrag hält und die Schüler auch selbst Regeln aufstellen lassen. Nach jedem Vortrag kann sich eine Feedbackrunde anschließen, in der die Referenten von ihren Zuhören mitgeteilt bekommen, was gut und was weniger gut war.

Für den Stationsbetrieb wird ein Tisch mit verschiedenen Obst- und Gemüsesorten aufgebaut. Die Schüler bearbeiten zunächst das Arbeitsblatt *Obst und Gemüse 1*. Anschließend sortieren sie auf dem Stationstisch alle Obstsorten in den Obstkorb und alle Gemüsesorten in die Gemüsekiste ein. Zur Kontrolle können Sie unter dem Obstkorb und der Gemüsekiste die Bilder der richtigen Sorten kleben.

Das Arbeitsblatt **Milch und Milchprodukte** ist dreifach differenziert. Die Schüler lernen hier, welche Tiere Milch geben (also woher die Milch kommt), welche Lebensmittel Milch enthalten und warum Milch wichtig für uns ist. Schwächere Schüler können hier gut in den Vordergrund treten. Während sich fittere Schüler damit befassen, was die Milch so wertvoll macht, können schwächere Schüler ein Plakat mit Milchprodukten erstellen und es der Klasse vorstellen. Danach könnten Sie eine Milchausstellung in der Klasse veranstalten oder einen Milchfrühstückstag einlegen, an dem (fast) nur Milchprodukte gegessen werden dürfen. Gibt es Kinder mit Laktoseintoleranz in Ihrer Klasse? Vielleicht können sie darüber berichten und erzählen, was sie nicht essen dürfen und wie sie damit umgehen. Am Stationstisch Milch und Milchprodukte stehen verschiedene Lebensmittel. Die Schüler sollen alle Milch und Milchprodukte in eine Kiste stellen. Auch hier können Sie zur Kontrolle Bilder der richtigen Lebensmittel unter der Kiste oder in einem Umschlag bereitlegen.

Bei der Aufgabe **Fettgehalt** erfahren die Schüler auf anschauliche Art und Weise in handelnder Auseinandersetzung, welche Lebensmittel einen hohen Fettgehalt aufweisen. Die Aufgabe ist zweifach differenziert und kann durch die Anzahl der zu testenden Lebensmittel weiter differenziert werden. Sie haben die Möglichkeit, weitere Lebensmittel zu ergänzen oder den Schülern eine Auswahl zur Verfügung zu stellen, aus denen sie selber ergänzen können.

Im Themengebiet **Zuckergehalt** sollen die Schüler ein Gespür für den enthaltenen Zuckeranteil in Speisen und Getränken entwickeln. Im Klassenraum werden verschiedene Lebensmittel aufgebaut. Hinter jedem Lebensmittel liegt ein umgedrehtes Kärtchen. Auf dem Kärtchen steht die Anzahl an Zuckerstückchen, die in dem Lebensmittel enthalten sind. Die Schüler sollen zunächst Vermutungen aufstellen, wie viele Zuckerstückchen es wohl sein könnten. Erst dann sollen sie das Kärtchen mit der richtigen Angabe umdrehen und die entsprechende Anzahl an Zuckerstückchen zu dem Lebensmittel legen.

Der **Essensplan 1 – Gesund, gesünder** soll bei den Schülern ein Gespür für gesunde Lebensmittel wecken. Dabei müssen sie auch feine Unterschiede erkennen (Warum ist Putenwurst gesünder als Salami?). Zur Differenzierung kann eine Begründung der Entscheidung verlangt werden. Der **Essensplan 2** ist dreifach differenziert. Hier stellen die Schüler drei gesunde Mahlzeiten zusammen. Dabei besteht eine weitere Differenzierungsmaßnahme in der Anzahl der Mahlzeiten. Sie können einzelne Schüler nur bestimmte Mahlzeiten (z. B. Frühstück) erstellen lassen und die anderen beiden streichen. Für den Stationsbetrieb markieren Sie auf einem Tisch mit farbigem Klebeband eine rote und eine grüne Seite und lassen die Schüler vor der Bearbeitung der Arbeitsblätter die realen Lebensmittel sortieren. Auf die grüne Seite kommen gesunde Lebensmittel, von denen man viel essen darf und auf die rote Seite Lebensmittel, von denen man eher weniger essen sollte. Danach erstellen die Schüler mit den gesunden Lebensmitteln einen Essensplan.

Die **Rezepte** dürfen (sofern zeitlich möglich) im Unterricht nachgekocht werden. Ein aktiver Umgang mit (gesunden) Lebensmitteln ist wichtig für die Festigung der Lerninhalte. Die Schüler können die gelernten Inhalte handelnd umsetzen und anwenden. Die Rezepte sind mit Bildern versehen, sodass auch Schüler mit Leseschwierigkeiten diese allein kochen können. Es handelt sich dabei um zwei leichte Rezepte, die mit wenig Aufwand, sowohl zeitlich als auch materiell, verbunden sind. Sie können mit Ihrer Klasse auch ein eigenes Rezeptheft oder Kochbuch erstellen, was jeder Schüler später mit nach Hause nehmen darf. Dazu könnten Sie die Schüler bitten, Ihre Lieblingsrezepte mitzubringen. Eine Vorlage für ein Rezeptdeckblatt und Blankovorlagen für das eigene Schreiben von Rezepten finden Sie in diesem Buch.

Am Ende des Buches finden Sie die **Lösungen** für verschiedene Aufgaben. Sie können die Lösungsseiten kopieren und in der Klasse zur Selbstkontrolle auslegen.

Im Laufe dieser Einheit können folgende fachlichen und methodischen Lernziele erreicht werden:

- Eine ausgewogene Ernährungsweise kennenlernen und gesunde Ernährung als einen Faktor für das Wohlbefinden erfahren
- Lebensmitteln in die Ernährungspyramide einordnen können und verschiedene Nahrungsmittelgruppen kennen und unterscheiden lernen
- Sich der eigenen Ernährungsgewohnheiten bewusst werden und ein Gespür für Fett- und Zuckergehalt entwickeln
- Unterscheidung von Obst und Gemüse, heimische Obstsorten benennen, Farbe und Form von herkömmlichen Obst und Gemüse kennen
- Milch und Milchprodukte benennen können und herausfinden, was die Milch wertvoll macht
- Tiere kennenlernen, die Milch geben
- Nach einem Rezept eine Speise herstellen
- Präsentieren von Ergebnissen, z. B. in Form eines Vortrags
- Zu einer vorgegebenen Überschrift ein Plakat erstellen
- Informationen recherchieren, Vermutungen aufstellen und diese überprüfen können
- Eine vorgegebene Handlungsfolge selbstständig umsetzen können
- Lebensmittel mit möglichst vielen Sinnen erfahren und sich dabei auch auf einen Sinn (z. B. Geschmackssinn) konzentrieren können

Christine Schub: Lernstationen inklusiv – Gesunde Ernährung
© Persen Verlag

Elternbrief

Der Elternbrief kann kopiert, unterschrieben und den Kindern vor Einstieg in das Thema mitgegeben werden. Es macht auch Sinn, auf einem Elternabend vorher mit den Eltern über dieses Thema zu sprechen. Wichtig ist ein sensibler Umgang, denn nicht alle Elternhäuser achten auf eine gesunde Ernährung. Oft sind finanzielle Engpässe oder zwei arbeitende Elternteile, die abends nicht mehr die Zeit zum „gesunden Kochen" haben, der Grund für eine ungesunde Ernährung. Auf solche Probleme kann auf einem Elternabend ganz allgemein eingegangen werden und gleichzeitig können günstige und zeitsparende Alternativen aufgezeigt werden. Die Eltern sollten nicht das Gefühl bekommen, dass sie durch dieses Thema kontrolliert werden und sich auch nicht kritisiert fühlen.

Notfalls kann die Wochenhausaufgabe, das Ernährungstagebuch, auch weggelassen oder als freiwillige Hausaufgabe aufgegeben werden.

Liebe Eltern,

im Sachunterricht werden wir das Thema „Gesunde Ernährung" behandeln. Es wäre schön, wenn Sie Ihr Kind dazu unterstützen könnten. Bitte achten Sie in dieser Zeit verstärkt darauf, Ihrem Kind ein gesundes Frühstück mit in die Schule zu geben, zum Beispiel Obst, Joghurt oder Vollkornbrot.

Ihr Kind bekommt in den nächsten Tagen eine Wochenhausaufgabe auf. Es soll eine Woche lang festhalten, welche Lebensmittel es über den Tag verteilt zu sich nimmt. Bitte unterstützen Sie Ihr Kind auch bei dieser Aufgabe und helfen Sie ihm möglicherweise beim Ausfüllen des Ernährungstagebuches. Dazu sollten alle Essgewohnheiten beibehalten werden. Somit dürfen durchaus Schokolade oder Chips in dem Tagebuch auftreten.

Vielen Dank für Ihre Unterstützung!

Herzliche Grüße

Aufgabe	Schwierigkeitsgrad	Ziel	Material	Anmerkung	Zusatz
Was ist „Ernährung"?	3 Eulen	• Erfahren, was *Ernährung* bedeutet und warum man sich gesund ernähren sollte	• Arbeitsblatt • Schreibstift		
Ernährungstagebuch	4 Eulen	• Sich der eigenen Ernährungsgewohnheiten bewusst werden	• Arbeitsblatt • Schreibstift	Die Aufgabe sollte als Wochenhausaufgabe aufgegeben werden. Alternativ kann auch nur das tägliche Schulfrühstück und/ oder Schulmensaessen eingetragen werden.	• Bilder zum Ausschneiden für Schüler mit Schwierigkeiten im schriftsprachlichen Bereich • Blankovorlage
Die Ernährungspyramide 1	2 Eulen	• Die Ernährungspyramide kennenlernen • Aufbau und Gruppen der Pyramide verstehen	• Arbeitsblatt • Ausschneidebogen • Kleber • Schere	Für den Stationsbetrieb Kopiervorlagen Ernährungspyramide 1 auf DIN A3 kopieren, laminieren, ausschneiden.	
Die Ernährungspyramide 2	2 Eulen	• Lebensmittel in die Ernährungspyramide einordnen können	• Arbeitsblatt • Ausschneidebogen • Kleber • Schere • Schreibstift • Lebensmittel zum Einordnen		
Obst und Gemüse 1	3 Eulen	• Verschiedene Obst- und Gemüsesorten benennen können • Sich dem Aussehen (insbesondere der Farbe) von Obst- und Gemüsesorten bewusst werden	• Arbeitsblatt • Schreibstift • Farbstifte zusätzlich für den Stationsbetrieb: • Obstkorb • Gemüsekiste • Obst und Gemüsesorten	Differenzierung auch über Arbeitsblattanzahl möglich.	• Blankovorlage
Obst und Gemüse 2 (Der Unterschied)	2 Eulen	• Unterscheidung von Obst und Gemüse	• Arbeitsblatt • Ausschneidebogen • Aufklebebogen (Obstkorb, Gemüsekiste) • Kleber • Schere		

Christine Schub: Lernstationen inklusiv – Gesunde Ernährung
© Persen Verlag

Aufgabe	Schwierig-keits-grad	Ziel	Material	Anmerkung	Zusatz
Obst und Gemüse 3 (Gut zu wissen!)		• Obst- und Gemüsearten kennenlernen	• Arbeitsblatt • Schreibstift		
Obst und Gemüse 4 (Erntezeit)		• Erntezeit verschiedener Obst- und Gemüsesorten herausfinden • Informationen recherchieren	• Arbeitsblatt • Schreibstift • Fachliteratur, Erntekalender, Internet für die Recherche	Hier bietet sich der Besuch einer Gärtnerei, eines Bauernhofes und/oder das Gespräch mit einem Fachmann an.	
Obst und Gemüse 5 (Der Sinnestest)		• Form und Geschmack von Obst und Gemüse erfahren • Sich auf einen Sinn konzentrieren	• Arbeitsblatt • Schreibstift • Obst und Gemüse • Augenbinde		
Obst und Gemüse 6 (Referat)		• Informationen recherchieren und präsentieren • Einen Vortrag halten	• Arbeitsblatt • Schreibstift • Farbstifte • Edding • Obst- und Gemüsebilder • Fachliteratur, Internet für die Recherche	Möglich wäre auch ein gemeinsamer Büchereibesuch, bei dem die benötigte Literatur ausgeliehen werden kann.	
Milch und Milchprodukte		• Lernen, woher die Milch kommt bzw. welche Tiere Milch geben • Einblick in die Wichtigkeit von Milch für den menschlichen Körper bekommen • Milchprodukte benennen können	• Arbeitsblatt • Schreibstift zusätzlich für den Stationsbetrieb: • Kiste • verschiedene Milch und Milchprodukte • andere Lebensmittel		
Fettgehalt (Ein Experiment)		• Gespür für den Fettgehalt entwickeln • Vermutungen aufstellen und überprüfen • Eine vorgegebene Handlungsfolge selbstständig umsetzen	• Arbeitsblatt • Schreibstift • grüner und roter Farbstift • Verschiedene Lebensmittel wie Leberwurst, Salami, Butterkäse, Edamer, Putenwurst, Mortadella, Apfel, Banane		• Blankovorlage

Aufgabe	Schwierig-keits-grad	Ziel	Material	Anmerkung	Zusatz
Zuckergehalt (Versteckter Zucker)	🦉🦉🦉	• Gespür für den Zuckergehalt entwickeln • Vermutungen aufstellen und überprüfen • Mengen vergleichen	• Arbeitsblatt • Schreibstift • verschiedene Lebensmittel wie 1 L Apfelsaft, 1 L Cola, 1 L Orangensaft, 100 g Nutella, 500 g Honig, 450 g Marmelade, 100 g Vollmilchschokolade, 250 g Fruchtjoghurt, 100 g Milchschnitte • Zuckerstücke (mind. 400 Stück) • Lösungsschilder		• Blankovorlage
Essensplan 1	🦉🦉🦉	• Gesunde Lebensmittel von weniger gesunden unterscheiden können	• Arbeitsblatt • Schreibstift zusätzlich für den Stationsbetrieb: • grünes und rotes Klebeband • Lebensmittel • Frühstücksbrett • Teller • Platte	Zur Differenzierung kann eine Begründung der Entscheidung verlangt werden.	
Essensplan 2	🦉🦉🦉	• Einen ausgewogenen Ernährungsplan erstellen • Gesunde Mahlzeiten zusammenstellen	• Arbeitsblatt • Schreibstift	Weitere Differenzierung über die Anzahl der Mahlzeiten möglich.	

Mein Ernährungsbuch

Name: _____

Stell dir vor, dein Körper ist wie ein Auto. Ein Auto kann schnell fahren, Berg auf und Berg ab, um Kurven. Es kann aber nur solange fahren, wie es Benzin hat. Ohne Benzin bleibt das Auto stehen. Bei deinem Körper ist es ähnlich:
Du kannst laufen, rennen, flitzen, sitzen, stehen – solange dein Körper genug „Benzin" hat. Natürlich kein echtes Benzin. Essen ist für den Menschen wie Benzin.

Damit du aktiv sein kannst, musst du essen – du musst dich ernähren.

So aktiv bin ich! Schreibe auf, was du alles machst:

Fußball spielen,

_____

_____

_____

Wie das Auto musst auch du auf die richtige Ernährung achten. Ein Dieselauto fängt an zu stottern, wenn es Super tankt. Es kann dann nicht mehr richtig fahren und geht kaputt. Auch wir Menschen müssen darauf achten, dass wir das Richtige essen, sonst werden wir dick und sogar krank.

Damit du aktiv bleiben kannst, musst du das Richtige essen – du musst dich gesund ernähren.

So ernähre ich mich! Schreibe auf, was du gern isst:

Schokolade,

_____

_____

_____

Stell dir vor, dein Körper ist wie ein Auto. Ein Auto kann schnell fahren. Es kann aber nur fahren, wenn es Benzin hat. Ohne Benzin bleibt das Auto stehen. Bei deinem Körper ist es ähnlich:

Du kannst laufen und rennen solange dein Körper genug „Benzin" hat. Essen ist für den Menschen wie Benzin.

Damit du aktiv sein kannst, musst du essen – du musst dich ernähren.

So aktiv bin ich! Zeichne auf, was du alles machst:

Du musst auf die richtige Ernährung achten. Ein Dieselauto geht kaputt, wenn es Super tanken würde. Auch wir Menschen müssen darauf achten, dass wir das Richtige essen, sonst werden wir dick und sogar krank.

Damit du aktiv bleiben kannst, musst du das Richtige essen – du musst dich gesund ernähren.

So ernähre ich mich! Zeichne auf, was du gern isst:

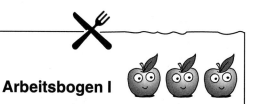

Dokumentiere eine Woche lang, was du – über den ganzen Tag verteilt – zu dir nimmst.

Du kannst alles sehr genau aufschreiben (z. B. 100g Joghurt) oder du schreibst es etwas allgemeiner (z. B. ein Joghurt).

Tag	Brot, Reis, Nudeln, Kartoffeln	Obst, Gemüse	Fisch, Milch, Milchprodukte	Fleisch, Eier	Süßigkeiten
Montag					
Dienstag					
Mittwoch					

Christine Schub: Lernstationen inklusiv – Gesunde Ernährung
© Persen Verlag

Donnerstag			
Freitag			
Samstag			
Sonntag			

Was hast du am häufigsten gegessen? Bringe es mit in die Schule.

Dokumentiere eine Woche lang, was du über den Tag verteilt zu dir nimmst.
Du darfst die Lebensmittel auch zeichnen.

Tag	Brot, Reis, Nudeln, Kartoffeln	Obst, Gemüse	Fisch, Milch, Milchprodukte	Fleisch, Eier	Süßigkeiten
Montag					
Dienstag					
Mittwoch					

Christine Schub: Lernstationen inklusiv – Gesunde Ernährung
© Persen Verlag

Donnerstag			
Freitag			
Samstag			
Sonntag			

Was hast du am häufigsten gegessen? Bringe es mit in die Schule.

Dokumentiere eine Woche lang, was du über den Tag verteilt zu dir nimmst. Klebe die Lebensmittel auf. Du darfst auch eigene Bilder suchen.

Tag		
Montag		
Dienstag		

Ernährungstagebuch

Arbeitsbogen III a

Mittwoch	*Donnerstag*	*Freitag*

Samstag	**Sonntag**

Was hast du am häufigsten gegessen? Bringe es mit in die Schule.

Bilder für das Ernährungstagebuch

Arbeitsbogen III b

Ernährungstagebuch

Ernährungstagebuch

Blankovorlage

Station 1

Die Ernährungspyramide 1

Aufgabe

1. Puzzle die Ernährungspyramide zusammen. Ordne dann die Lebensmittel ein.

2. Bearbeite nun die beiden Arbeitsblätter.

   a) Ernährungspyramide 1:
   Schneide die einzelnen Teile aus und klebe sie in die Pyramide.

   b) Ernährungspyramide 2:
   Schreibe oder klebe zu jeder Nahrungsgruppe passende Lebensmittel auf.

Material

- 2 Arbeitsbögen

- Ausschneidebogen

- Kleber

- Schere

- Stift

- verschiedene Lebensmittel

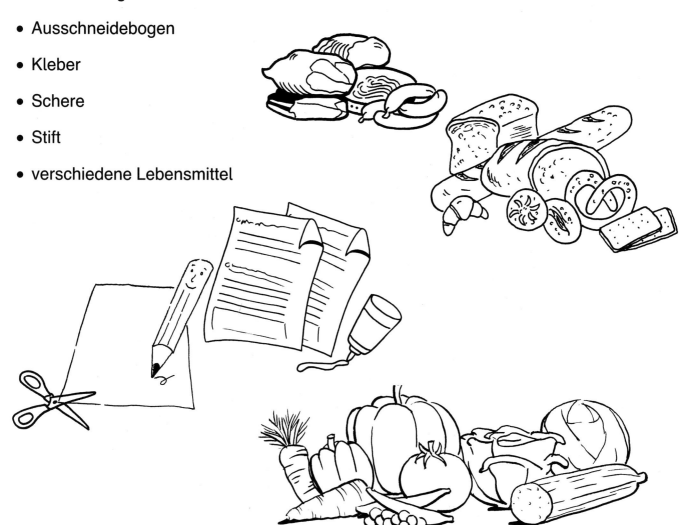

Christine Schub: Lernstationen inklusiv – Gesunde Ernährung
© Persen Verlag

Die Pyramide zeigt, wie viel von den Lebensmitteln für eine gesunde Ernährung gut sind. Unten stehen die Lebensmittel, die man oft essen sollte. Oben stehen die Lebensmittel, die man besser nicht so oft isst.

Verboten sind keine Lebensmittel! Auf die Menge kommt es an.

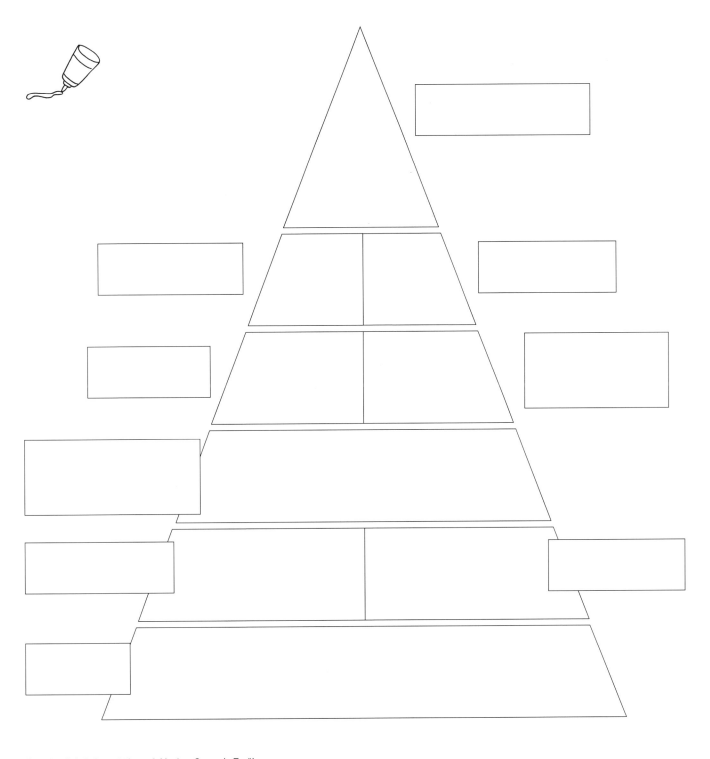

Schneide die Teile aus und klebe sie in die Pyramide.

Süßigkeiten/Fette selten	Fisch 1–2 × / Woche	Fleisch/Wurst 2–3 × / Woche	Getränke 1,5 l / Tag
Obst mehrmals täglich	Eier 2–3 Stück / Woche	Gemüse mehrmals täglich	
Kartoffeln/ Getreideprodukte täglich	Milch und Milchprodukte 2 × / Tag		

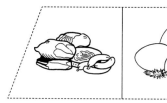

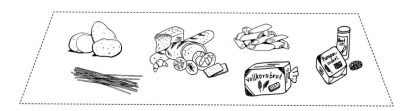

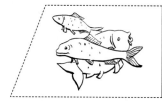

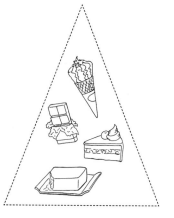

Christine Schub: Lernstationen inklusiv – Gesunde Ernährung
© Persen Verlag

Unten in der Pyramide stehen Lebensmittel, die man oft essen sollte.
Oben stehen die Lebensmittel, die man nicht so oft essen sollte.
Verboten sind keine Lebensmittel! Auf die Menge kommt es an.

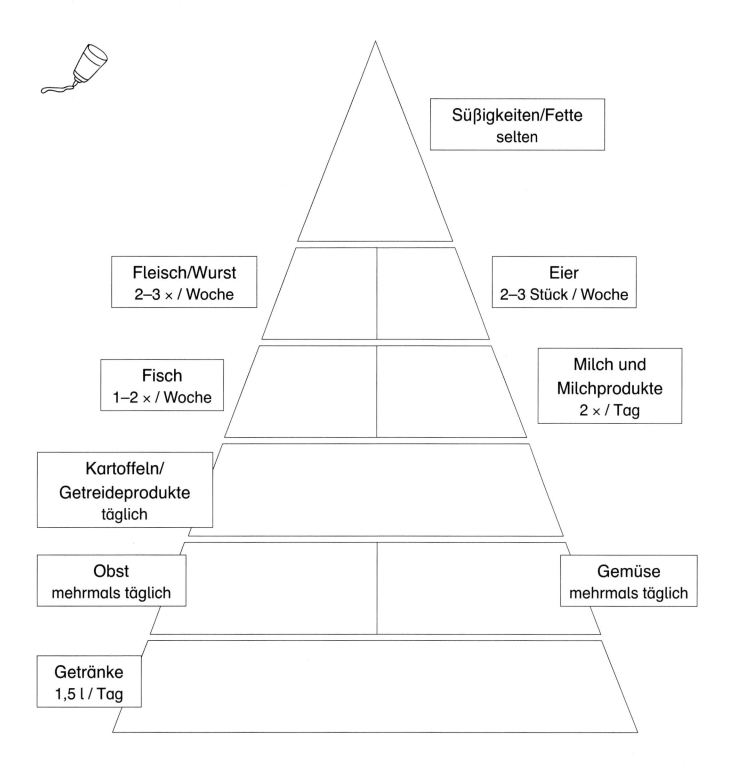

Süßigkeiten/Fette
selten

Fleisch/Wurst
2–3 × / Woche

Eier
2–3 Stück / Woche

Fisch
1–2 × / Woche

Milch und
Milchprodukte
2 × / Tag

Kartoffeln/
Getreideprodukte
täglich

Obst
mehrmals täglich

Gemüse
mehrmals täglich

Getränke
1,5 l / Tag

 Schneide die Teile aus und klebe sie in die Pyramide.

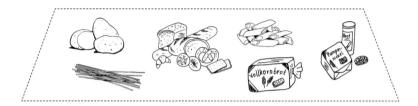

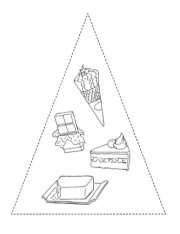

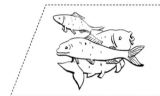 

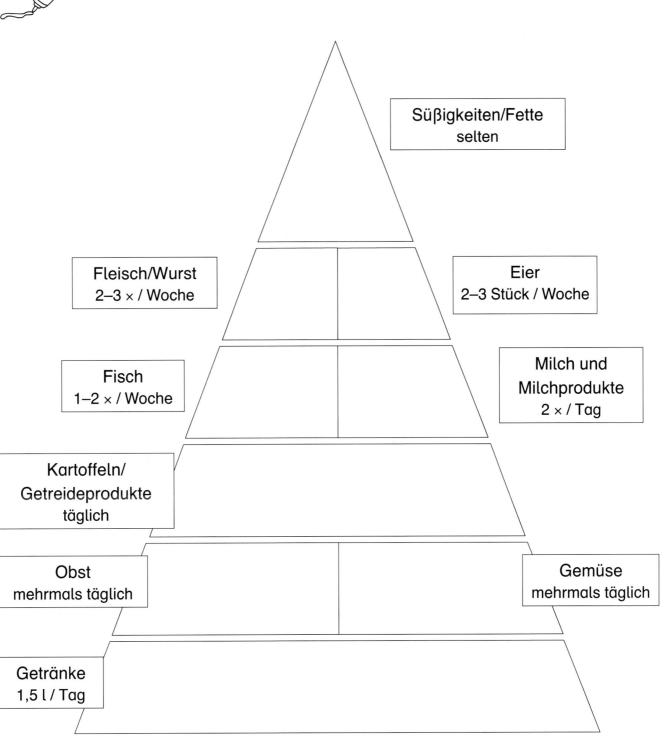

Süßigkeiten/Fette
selten

Fleisch/Wurst
2–3 × / Woche

Eier
2–3 Stück / Woche

Fisch
1–2 × / Woche

Milch und
Milchprodukte
2 × / Tag

Kartoffeln/
Getreideprodukte
täglich

Obst
mehrmals täglich

Gemüse
mehrmals täglich

Getränke
1,5 l / Tag

Schneide die Bilder aus und ordne sie in die Pyramide ein. Kontrolliere.
Klebe sie dann auf.

Station 2

Obst und Gemüse

Aufgabe

1. Bearbeite zuerst das Arbeitsblatt **Obst und Gemüse 1**.

2. Lege dann alle Obstsorten in den Obstkorb und alle Gemüsesorten in die Gemüsekiste.

3. Bearbeite nun die Arbeitsblätter **Obst und Gemüse 2 bis 4**.

Material

- Arbeitsbögen
- Ausschneidebogen
- Kleber
- Schere
- Stift
- Obst und Gemüse
- Obstkorb
- Gemüsekiste

 Welches Obst und Gemüse kennst du? Beschrifte.
Male danach in den richtigen Farben an.

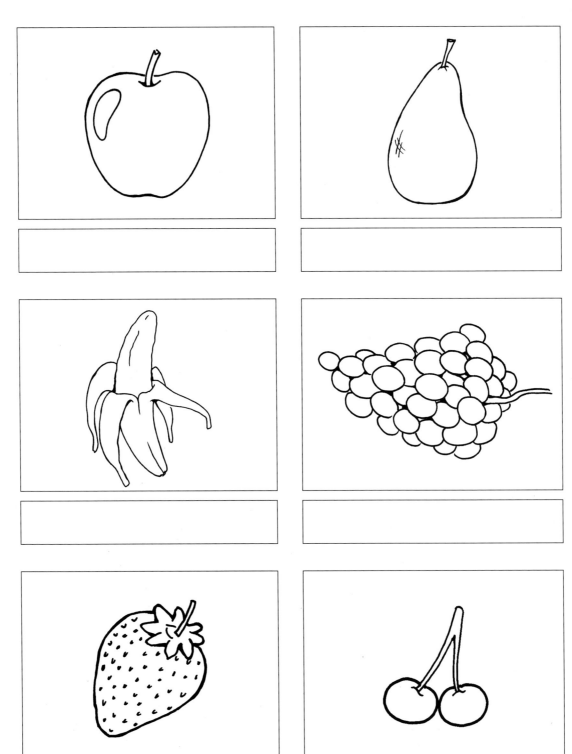

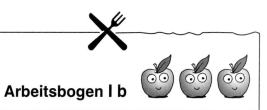

Station 2

Obst und Gemüse 1

Arbeitsbogen I b

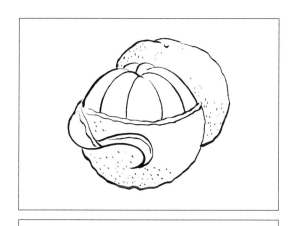

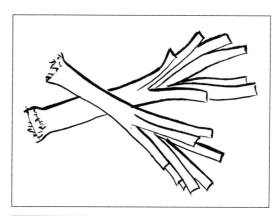

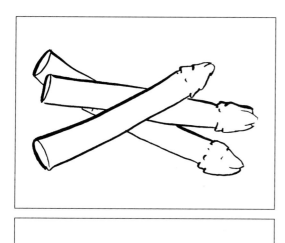

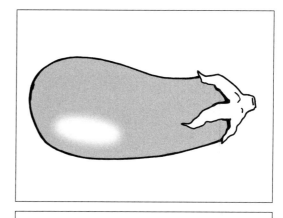

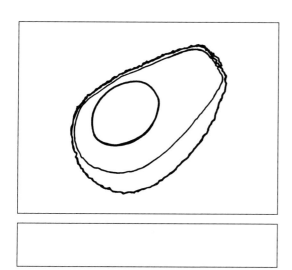

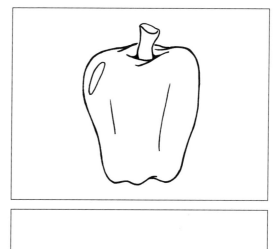

 Welches Obst und Gemüse kennst du?
Beschrifte.
Male danach in den richtigen Farben an.

Kirschen	Weintrauben
Erdbeere	Apfel
Banane	Birne

Christine Schub: Lernstationen inklusiv – Gesunde Ernährung
© Persen Verlag

Himbeere	Heidelbeeren
Ananas	Zitrone
Orange	Pflaume

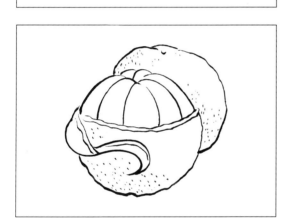

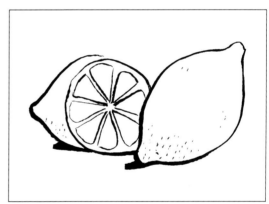

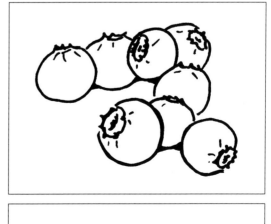

Kartoffel	Gurke
Brokkoli	Blumenkohl
Tomate	Möhre/Rübe

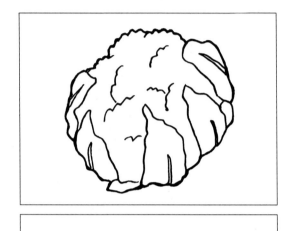

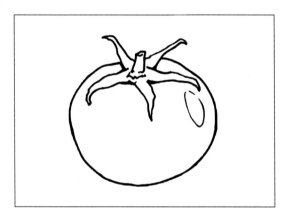

Lauch/Porree	Kürbis
Paprika	Avocado
Aubergine	Spargel

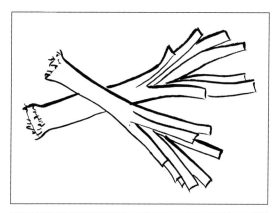

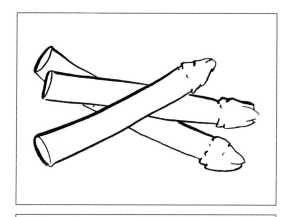

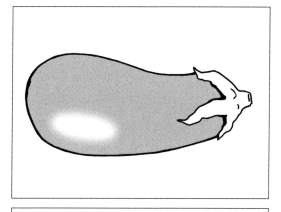

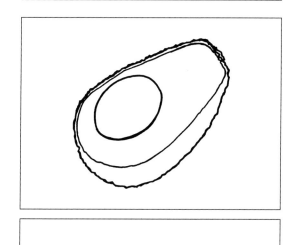

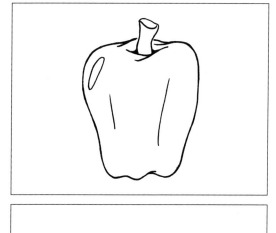

Welches Obst und Gemüse kennst du? Verbinde.

 Male danach in den richtigen Farben an.

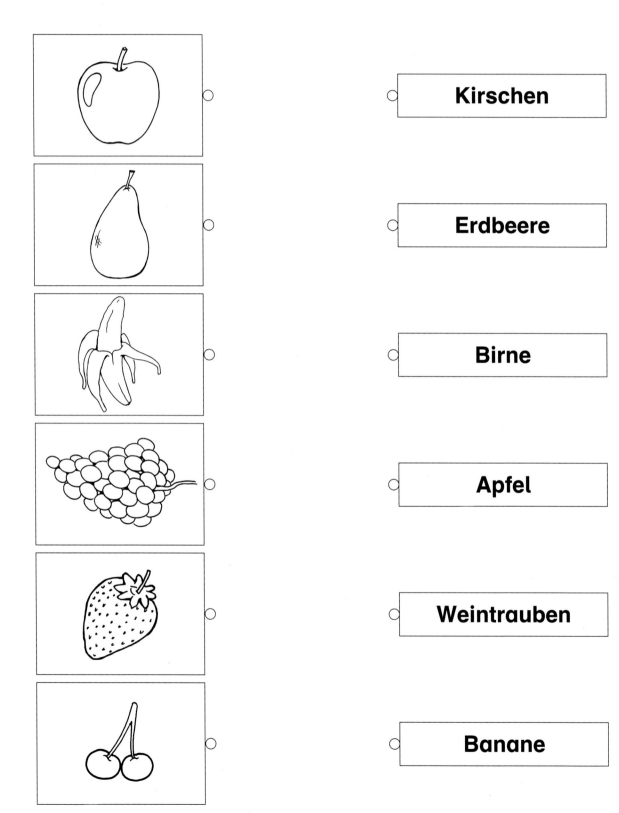

Kirschen

Erdbeere

Birne

Apfel

Weintrauben

Banane

Christine Schub: Lernstationen inklusiv – Gesunde Ernährung
© Persen Verlag

Station 2

Obst und Gemüse 1

 **Himbeere**

 **Zitrone**

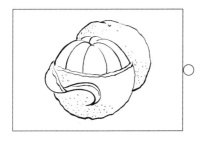

 **Ananas**

Heidelbeeren

 **Pflaume**

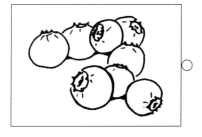

Orange

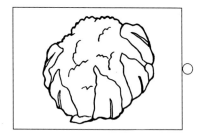

 **Kartoffeln**

 **Blumenkohl**

 **Brokkoli**

 **Möhre**

 **Gurke**

Tomate

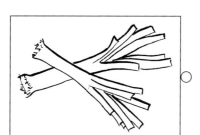

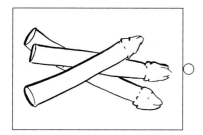

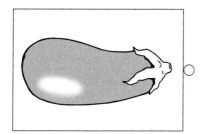

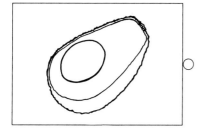

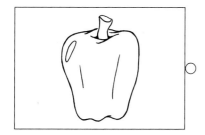

Kürbis

Paprika

Lauch/Porree

Aubergine

Spargel

Avocado

Welches Obst und Gemüse kennst du?
Male in den richtigen Farben an.

| **Apfel** |

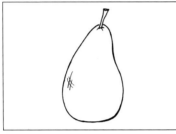

| **Birne** |

| **Banane** |

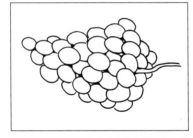

| **Weintrauben** |

| **Erdbeere** |

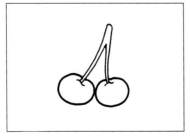

| **Kirschen** |

Christine Schub: Lernstationen inklusiv – Gesunde Ernährung
© Persen Verlag

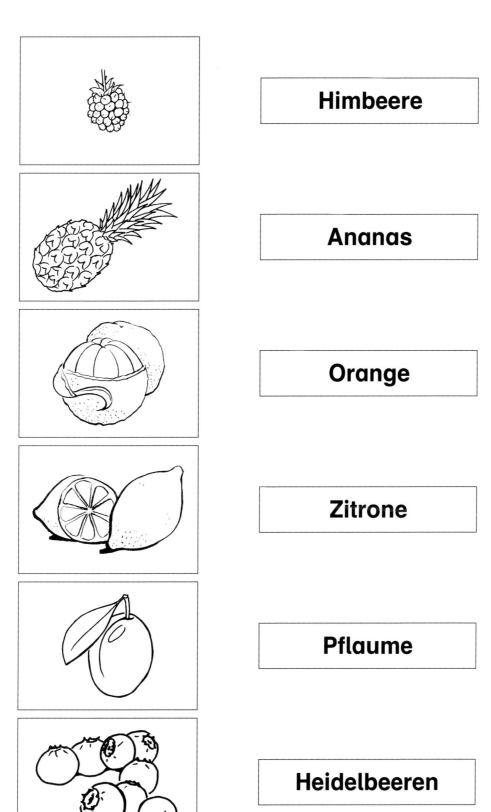

Himbeere

Ananas

Orange

Zitrone

Pflaume

Heidelbeeren

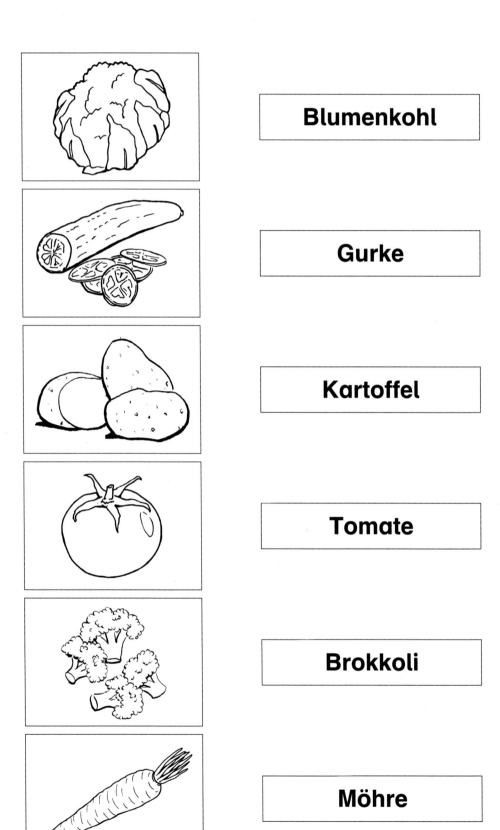

Blumenkohl

Gurke

Kartoffel

Tomate

Brokkoli

Möhre

Kürbis

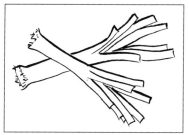

Lauch/Porree

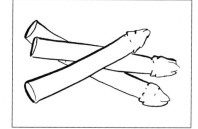

Spargel

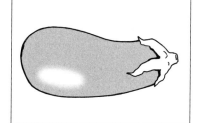

Aubergine

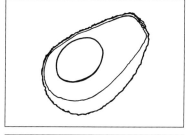

Avocado

Paprika

Der Unterschied

Obst nennt man Früchte oder Samen von mehrjährigen Sträuchern und Bäumen, also zum Beispiel von einem Apfelbaum. Mehrjährig heißt: Eine Pflanze wird gesetzt und wächst immer weiter, Jahr für Jahr. Jeden Frühling blüht sie und bildet neue Früchte aus und das in jedem Jahr wieder. Manche Bäume werden sogar an die hundert Jahre alt.

Gemüse dagegen kann man von einer Pflanze nicht so lange ernten. Ist eine Pflanze, die Gemüse erzeugt, einmal gesetzt, dann stirbt sie nach spätestens zwei Jahren ab. Deshalb muss man zum Beispiel im Garten jedes Jahr wieder Gurkenpflanzen einsetzen, um einen Sommer lang Gurken ernten zu können. Zum Gemüse können verschiedene Teile einer Pflanze gehören: Früchte, Wurzeln oder Samen.

Obst und Gemüse enthalten viele Vitamine. Du solltest täglich zwei bis drei Portionen davon essen!

Zusammenfassung:

Eine anerkannte Regel für die **Unterscheidung** von Obst und Gemüse lautet:

Gemüse muss jedes Jahr neu angebaut werden. Obst wächst jedes Jahr wieder, ohne dass man es neu anpflanzen muss.
ODER: Gemüse stammt von einjährigen, Obst von mehrjährigen Pflanzen.

Aufgabe:

1. Schneide die Bilder aus und sortiere sie entweder in den Obstkorb oder die Gemüsekiste ein. Kontrolliere.
   Klebe auf.

2. Kennst du noch andere Obst- und Gemüsesorten?
   Schreibe oder male sie entweder in den Obstkorb oder die Gemüsekiste.
    Du kannst auch Bilder aus Zeitschriften ausschneiden und aufkleben.

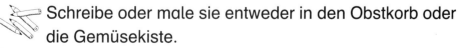

Station 2

Obst und Gemüse 2

 **Arbeitsbogen I b**

Christine Schub: Lernstationen inklusiv – Gesunde Ernährung
© Persen Verlag

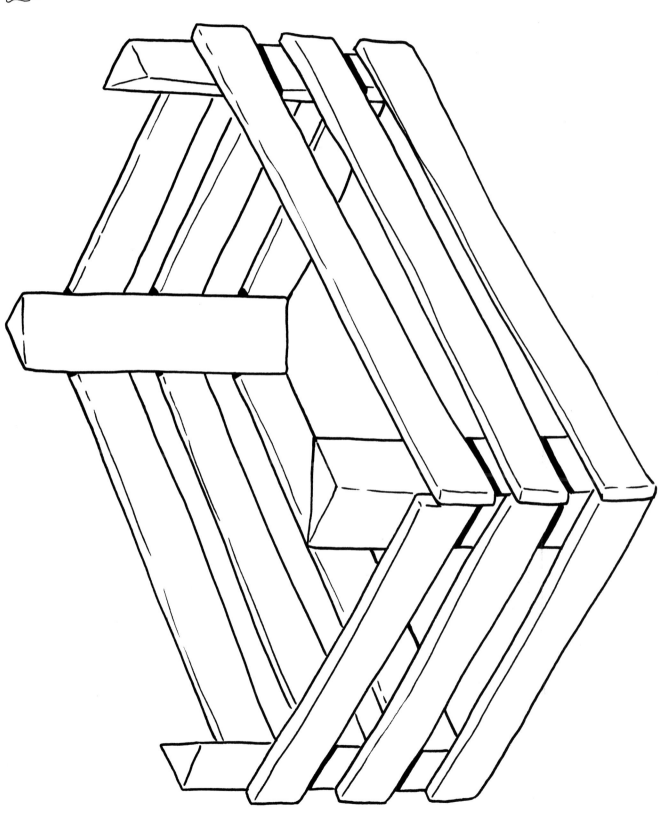

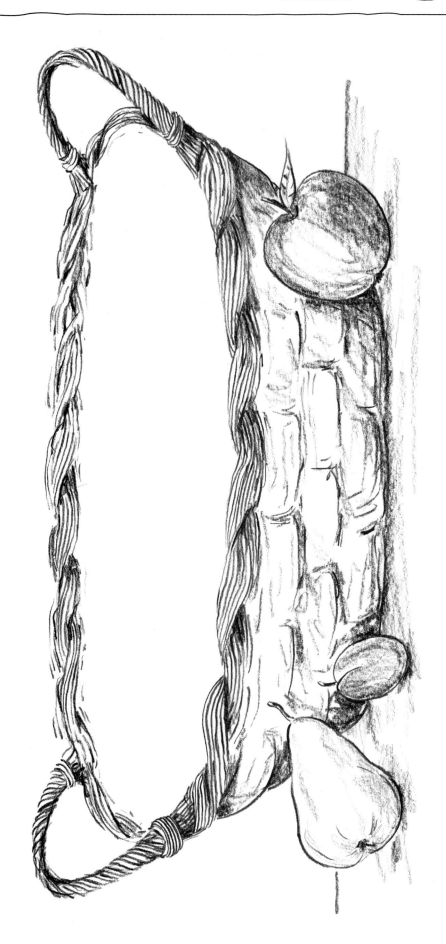

Christine Schub: Lernstationen inklusiv – Gesunde Ernährung
© Persen Verlag

Gut zu wissen!

Gemüse

Gemüse, das unter freiem Himmel angebaut wird, nennt man **Feldgemüse**.
Bestimmt kennst du einiges an Feldgemüse, wie zum Beispiel Salat und Kohlgewächse.

Schreibe weitere Feldgemüsearten auf:

_____

_____

_____

Nach den Erntezeiten unterscheidet man zwischen Frühgemüse, Sommergemüse,
Herbstgemüse und Wintergemüse. Diese Einteilung war früher von besonderer Bedeutung für die Ernährung.

Frühgemüse bezeichnet das Gemüse, was als Erstes im Jahr geerntet wird.
Meistens umfasst das die Zeit von April bis Juni. Zum Frühgemüse gehören
Radieschen, Rhabarber und Kohlrabi.

Nach dem Frühgemüse wird das **Sommergemüse** geerntet, zum Beispiel Aubergine
oder Fenchel.

Herbstgemüse wird im Herbst geerntet. Es kann kalte Temperaturen und auch
Trockenheit gut vertragen. Feldsalat gehört zum Herbstgemüse.

Wintergemüse wird im Winter geerntet und kann lange gelagert werden. Rosenkohl,
Grünkohl und Schwarzer Rettich gehören zum Wintergemüse.

Weißt du, warum diese Unterscheidung heute nicht mehr passend ist?
Informiere dich und schreibe auf.

_____

_____

_____

Obst

Bei Obst unterscheidet man in der Regel zwischen Steinobst, Kernobst, Schalenobst, Beerenobst und Südfrüchte.

Bei **Steinobst** findet sich in der Mitte ein harter Kern. Pflaumen und Mirabelle sind Steinobst. Welches Steinobst kennst du noch?

_____

_____

Äpfel und Birnen sind **Kernobst**. Warum?

_____

_____

Schalenobst hat eine harte Schale. Nüsse gehören zum Schalenobst.

Beerenobst ist meist klein, rundlich und weich. Schreibe einiges auf.

Erdbeere, _____

_____

Südfrüchte kommen von weit her in unser Land. Man sagt auch „exotische Früchte" oder „Flugobst". Bananen, Sternfrucht und Limette sind Südfrüchte.
Weitere Südfrüchte kannst du in dem Gitterrätsel finden. Es sind 7 Früchte.

P	A	W	E	M	R	T	Z	U	I	L	O
A	N	K	H	A	G	F	D	S	A	I	P
P	A	I	J	N	K	L	M	N	B	T	V
A	N	W	W	G	M	V	C	L	K	S	C
Y	A	I	E	O	R	A	N	G	E	C	X
A	S	H	T	T	N	B	X	Y	J	H	Y
J	I	G	R	A	P	E	F	R	U	I	T
Z	U	I	O	P	L	K	J	H	G	F	A
T	R	E	W	S	A	D	F	G	H	D	S

Wann kannst du das Obst und Gemüse bei uns ernten? Kreuze an.

	Januar	Februar	März	April	Mai	Juni	Juli	August	September	Oktober	November	Dezember
Apfel												
Birne												
Erdbeeren												
Kirschen												
Tomate												

	Januar	Februar	März	April	Mai	Juni	Juli	August	September	Oktober	November	Dezember
Möhren												
Kohlrabi												

Station 2

Obst und Gemüse 5

Der Sinnestest

Aufgabe

1. Lass dir von einem Partner die Augen verbinden.

   Dein Partner reicht dir nun nacheinander verschiedene Obst- oder Gemüsestücke. Notiere, welche Sorten du richtig erraten hast. Du darfst nur **schmecken.**

2. Lass dir von einem Partner die Augen verbinden.

   Dein Partner reicht dir nun nacheinander verschiedenes Obst oder Gemüse. Notiere, welche Sorten du richtig erraten hast. Du darfst nur **fühlen.**

Material

- Arbeitsbogen

- Stift

- Augenbinde/Tuch

- Obst und Gemüse/Obst- und Gemüsestücke

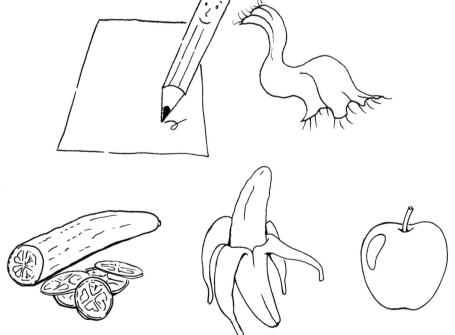

Schmecken

Richtig geschmeckt:

Fühlen

Richtig gefühlt:

Schmecken

Richtig geschmeckt:

 Apfel ☐

 Banane ☐

 Ananas ☐

 Radieschen ☐

 Lauch ☐

 Möhre ☐

 Tomate ☐

 Kartoffel ☐

Fühlen

Richtig gefühlt:

 Gurke ☐

 Zitrone ☐

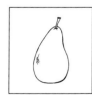 Birne ☐

 Zwiebel ☐

 Salat ☐

 Blumenkohl ☐

 Paprika ☐

 Fenchel ☐

Station 2

Obst und Gemüse 6 – Referat　　　　　　**Arbeitsbogen I**

Suche dir dein Lieblingsobst oder Lieblingsgemüse aus und stelle es deinen Mitschülern in einem Referat vor.

Du darfst mit einem Partner oder in einer Gruppe arbeiten.
Wenn du mit jemandem zusammenarbeitest, achte auf folgende Regeln:

- Jeder muss bei dem Vortrag etwas sagen.

- Jeder darf mitbestimmen.

Bei deinem Referat achte auf Folgendes:

- Sprich langsam und deutlich.

- Schau deine Mitschüler an.

- Zeige Fotos oder echte Lebensmittel.

- Mach dir Notizen, aber sprich frei.

- Gib Zeit für Fragen.

Und das soll in deinem Referat vorkommen:

- Name der Obst- oder Gemüsesorte

- Aussehen

- Erntezeit

- _____

- _____

- _____

- _____

Christine Schub: Lernstationen inklusiv – Gesunde Ernährung
© Persen Verlag

Station 2

Obst und Gemüse 6 – Steckbriefvorlage **Arbeitsbogen II**

Name: _____

Foto

Farbe außen: _____

Farbe innen: _____

Erntezeit: _____

Anbau: _____

_____

Herkunft: _____

Hierzu schmeckt es besonders gut: _____

_____

_____

Sonstiges: _____

_____

_____

Station 3

Milch und Milchprodukte

Aufgabe

1. Schau dir die Lebensmittel an.
   Stelle alle Milch und Milchprodukte in den Kasten.

2. Bearbeite das Arbeitsblatt.

Material

- Milch und Milchprodukte

- Weitere Lebensmittel

- Kasten

- Arbeitsblatt

- Stift

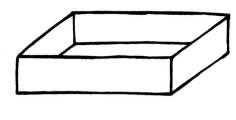

Christine Schub: Lernstationen inklusiv – Gesunde Ernährung
© Persen Verlag

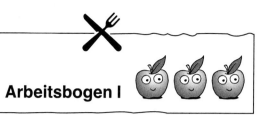

Woher kommt die Milch?

Milch ist in vielen Lebensmitteln enthalten, zum Beispiel in Käse.
Diese Lebensmittel nennt man **Milchprodukte**.
Schreibe alle Milchprodukte auf, die du kennst.

Milch ist gesund. Weißt du, warum? Informiere dich und schreibe deine Antwort auf.

Woher kommt die Milch?

_____

Milch ist in vielen Lebensmitteln enthalten, zum Beispiel in Käse.

Diese Lebensmittel nennt man **_Milchprodukte_**.

Schreibe alle Milchprodukte auf, die du kennst. Die Wörter unten helfen dir.

Du darfst aber auch noch andere Produkte aufschreiben.

_____

_____

_____

> Milch   Banane   Käse   Mehl   Joghurt
> Schokolade   Schmand   Sahne   Butter   Buttermilch
> Frischkäse   Nudeln   Speisequark   Brot

Milch ist gesund. Weißt du, warum? Informiere dich und schreibe deine Antwort auf.

> Milch ist eine weiße, undurchsichtige Flüssigkeit. Milch wird von Tieren gewonnen.
> Am bekanntesten ist die Kuhmilch. Es gibt aber auch andere Tiere, die Milch geben,
> wie Schafe und Ziegen, aber auch Kamele und Büffel. In Milch ist viel Kalzium
> enthalten. Kalzium braucht der Mensch für den Knochenbau. In Milch steckt neben
> Kalzium auch viel Kalium, Jod und Magnesium. All dies ist gut für Knochen, Zähne
> und Muskeln.

_____

_____

_____

Christine Schub: Lernstationen inklusiv – Gesunde Ernährung
© Persen Verlag

 Welche Tiere geben Milch? Kreise ein.

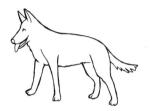   

| Hund | Kuh | Huhn | Katze |

| Ziege | Schaf | Schwein | Büffel |

 Was besteht aus Milch? Kreise ein

| Käse | Erdbeere | Milch | Schwarzbrot |

| Speisequark | Orangensaft | Sahne | Joghurt | Butter |

* Schneide aus Prospekten alle Milchprodukte aus und erstelle ein Plakat.

Station 4

Fettgehalt   **Ein Experiment**

Aufgabe

1. Finde heraus, welches Lebensmittel den größten und welches den kleinsten Fettgehalt hat. Du kannst zuerst eigene Ideen ausprobieren.

2. Überprüfe danach deine Ergebnisse, indem du das Arbeitsblatt bearbeitest.

Material

- Lebensmittel

- Arbeitsblatt

- ein Blatt Papier

Christine Schub: Lernstationen inklusiv – Gesunde Ernährung
© Persen Verlag

Lebensmittel, die viel Fett enthalten, sind weniger gesund für deinen Körper. Davon solltest du nur wenig essen. Isst man sie in großen Mengen, machen sie dick und krank.

 Was glaubst du: In welchen Lebensmitteln steckt viel Fett? Schreibe oder male auf.

Mit diesem Trick kannst du herausfinden, in welchen Lebensmitteln viel Fett ist.

 1. Lege das Lebensmittel auf ein Blatt.

 2. Drücke es fest.

 3. Nimm das Lebensmittel herunter.

 4. Halte einen Fön auf den Abdruck.

Ergebnis: Je stärker du den Abdruck nach dem Trocknen noch sehen kannst, desto fetthaltiger ist das Lebensmittel.

Vermutung: a) Kreuze alle Lebensmittel an, von denen du denkst, dass sie viel Fett enthalten.

            b) Kreuze dann an: **Rot** – Lebensmittel, das am meisten Fett hat.
                          Grün – Lebensmittel, das am wenigsten Fett hat.

☐ ☐ Leberwurst

☐ ☐ Butterkäse

☐ ☐ Putenwurst

☐ ☐ Apfel

☐ ☐ _____

☐ ☐ Salami

☐ ☐ Camembert

☐ ☐ Mortadella

☐ ☐ Banane

☐ ☐ _____

Untersuche den Fettgehalt der Lebensmittel.

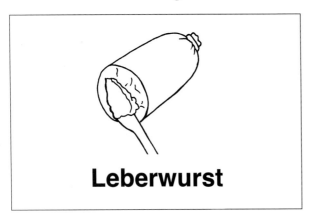

Leberwurst

Salami

Butterkäse

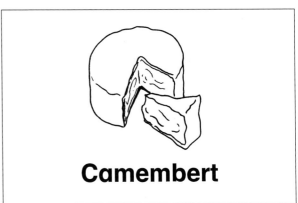

Camembert

Putenwurst

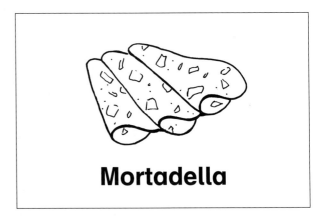

Mortadella

Apfel

Banane

Lebensmittel, die viel Fett enthalten, sind nicht so gesund für deinen Körper. Davon solltest du nur wenig essen.

Wer sehr fetthaltig isst, wird schneller dick. Weil in fetten Lebensmitteln nicht viele Nährstoffe und Vitamine sind, bekommt dein Körper keine Kraft, du kannst schlechter denken und wirst schneller krank.

Was glaubst du: In welchen Lebensmitteln steckt viel Fett?

_____

_____

Mit diesem Trick kannst du herausfinden, in welchen Lebensmitteln viel Fett steckt.

     1. Lege das Lebensmittel auf das Blatt.

     2. Drücke es etwas fest.

     3. Nimm das Lebensmittel herunter.

     4. Halte einen Fön kurz auf den Abdruck.

Ergebnis: Je stärker du den Abdruck nach dem Trocknen noch sehen kannst, desto fetthaltiger ist das Lebensmittel.

Untersuche den Fettgehalt von folgenden Lebensmitteln:

☐ Leberwurst   ☐ Salami

☐ Butterkäse   ☐ Camembert

☐ Putenwurst   ☐ Mortadella

☐ Apfel   ☐ Banane

☐ _____   ☐ _____

☐ _____   ☐ _____

Kreuze vorher an:

Rot, das Lebensmittel von dem du glaubst, dass es am meisten Fett hat.

Grün, das Lebensmittel, von dem du glaubst, dass es am wenigsten Fett hat.

Leberwurst	**Salami**
Butterkäse	**Camembert**
Putenwurst	**Mortadella**
Apfel	**Banane**

Station 4

Fettgehalt   **Der Check (Blankovorlage)**

Aufgabe

1. Errate, wie viele Stücke Würfelzucker in den Lebensmitteln enthalten sind. Schreibe deine Vermutung auf.

2. Vergleiche dann mit dem Lösungsblatt und trage die richtige Anzahl ein. Baue die entsprechende Anzahl an Zuckerstückchen auf.

3. Recherchiere, wie viel Zucker in anderen Lebensmitteln enthalten ist.

Material

- Lebensmittel

- Arbeitsblatt

- Stift

- Zuckerstücke (Würfelzucker)

- Lösungsblatt

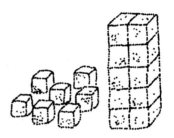

Station 5

Zuckergehalt

Arbeitsbogen I

Viele Lebensmittel enthalten Zucker. Wie viel Zucker in jedem Lebensmittel steckt, kannst du auf der jeweiligen Packung nachlesen. Oft sind diese Angaben aber schwer zu verstehen. Daher versuche, die Anzahl der enthaltenen Stückchen Würfelzucker zu schätzen. Trage sie in die Tabelle ein. Kontrolliere.

Lebensmittel	Vermutung	Tatsächliche Anzahl
1 l Apfelsaft		
1 l Cola		
1 l Orangensaft		
100 g Nutella		
500 g Honig		
450 g Marmelade		
100 g Vollmilchschokolade		
250 g Fruchtjoghurt		
100 g Milchschnitte		

Station 5

Zuckergehalt

Blankovorlage

Lebensmittel	Vermutung	Tatsächliche Anzahl

Station 6
Essensplan

Aufgabe

1. Sortiere die Lebensmittel. Lege auf die grüne Seite alle Lebensmittel, die sehr gesund sind. Lege auf die rote Seite alle Lebensmittel, die weniger gesund sind.

2. Stelle nun einen Essensplan mit den Lebensmitteln, die sehr gesund sind, auf. Auf das Brettchen kommen Lebensmittel für ein gesundes Frühstück, auf den Teller alles für ein gesundes Mittagessen und auf die Platte alles für ein gesundes Abendbrot.

3. Bearbeite die Arbeitsblätter.

Material

- Lebensmittel
- Arbeitsblätter
- Stift
- Brettchen, Teller, Platte

Gesund, gesünder ...

Entscheide, welches der beiden Lebensmittel gesünder ist.
Streiche das ungesündere durch. Begründe deine Meinung.

Vollkornbrot	Toastbrot

_____

_____

Müsli	Cornflakes

_____

_____

Joghurt	Schokopudding

_____

_____

Pizza	Salat

_____

_____

Kartoffelpüree	Currywurst

_____

_____

Obstsalat	Erdbeerkuchen

_____

_____

Fischstäbchen	Lachsfilet

_____

_____

Salami	Putenbrust

_____

_____

Christine Schub: Lernstationen inklusiv – Gesunde Ernährung
© Persen Verlag

Gesund, gesünder ...

 Entscheide, welches der beiden Lebensmittel gesünder ist.
Streiche das ungesündere durch.

 Vollkornbrot

 Toastbrot

 Müsli

 Cornflakes

 Joghurt

 Schokopudding

 Pizza

 Salat

 Kartoffelpüree

 Currywurst

 Obstsalat

 Erdbeerkuchen

 Fischstäbchen

 Lachsfilet

 Salami

 Putenwurst

Station 6

Essensplan 2

Arbeitsbogen I

Stelle gesunde Mahlzeiten zusammen. Denke daran, viel Obst und Gemüse in deinen Speiseplan einzubauen.

Frühstück:

_____

_____

_____

_____

Mittagessen:

_____

_____

_____

_____

Abendbrot:

_____

_____

_____

_____

Christine Schub: Lernstationen inklusiv – Gesunde Ernährung
© Persen Verlag

Stelle gesunde Mahlzeiten zusammen. Denke daran, viel Obst und Gemüse in deinen Speiseplan einzubauen. Die Wörter in den Kästen können dir helfen. Du darfst aber auch andere Lebensmittel aufschreiben.

Frühstück:

_____

| Vollkornbrot   Toastbrot   Knäckebrot |
| Salami   Käse   Schokocreme   Butter |
| Joghurt   Müsli   Milch   Apfel |
| Banane   Schokopudding   Muffins |

_____

_____

_____

Mittagessen:

_____

| Pizza   Nudeln   Kartoffeln |
| Currywurst   Reis   Hähnchenfleisch |
| Fischstäbchen   Brokkoli |
| Blumenkohl   Lasagne |

_____

_____

_____

Abendbrot:

_____

| Vollkornbrot   Toastbrot   Knäckebrot |
| Salami   Käse   Schokocreme   Butter |
| Joghurt   Müsli   Milch   Apfel |
| Banane   Schokopudding   Muffins |

_____

_____

_____

Station 6

Essensplan 2 **Arbeitsbogen III**

 Stelle gesunde Mahlzeiten zusammen. Denke daran, viel Obst und Gemüse
in deinen Speiseplan einzubauen. Die Bilder können dir helfen.
Du darfst aber auch andere Lebensmittel aufschreiben oder zeichnen.

Frühstück:

Vollkornbrot   Toastbrot   Hamburger   Joghurt

Schokopudding   Müsli   Käse

Banane   Apfel   Gurke   Tomate

Mittagessen:

Pizza   Kartoffelpüree   Currywurst   Reis

Fischstäbchen   Brokkoli   Spinat   Blumenkohl

Abendbrot:

Knäckebrot   Hot Dog   Schwarzbrot   Salat

Christine Schub: Lernstationen inklusiv – Gesunde Ernährung
© Persen Verlag

Station 1

Ernährungspyramide

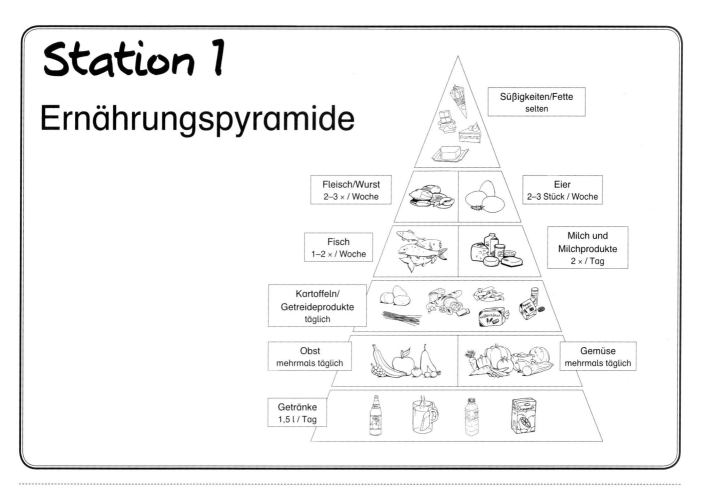

Station 2

Obst und Gemüse

Station 2

Obst und Gemüse – Der Sinnestest

Station 3

Milch und Milchprodukte

Christine Schub: Lernstationen inklusiv – Gesunde Ernährung
© Persen Verlag

Station 4

Fettgehalt

Station 5

Zuckergehalt

Station 6

Essensplan

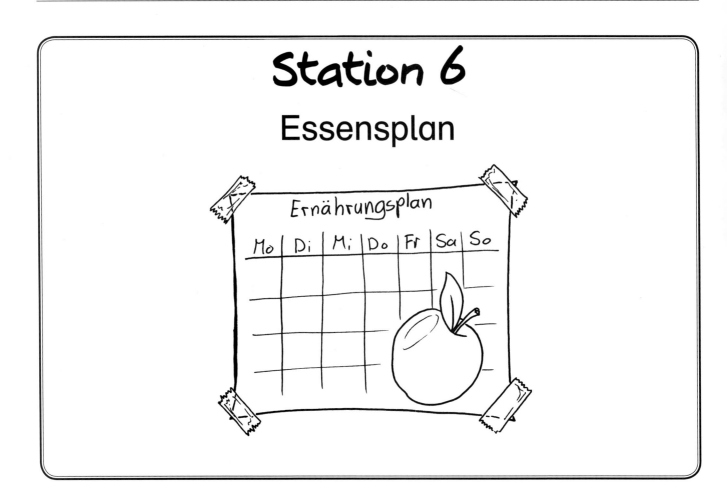

Stationslauf: Gesunde Ernährung – Laufzettel

Name: _____

Station	erledigt (Unterschrift)	✗
Station 1 Ernährungspyramide		
Station 2 Obst und Gemüse		
Station 3 Milch und Milchprodukte		
Station 4 Fettgehalt		
Station 5 Zuckergehalt		
Station 6 Essensplan		

Checkliste: Erledigung von Stationen

Name	Station					
	1	2	3	4	5	6

Christine Schub: Lernstationen inklusiv – Gesunde Ernährung
© Persen Verlag

Urkunde

_____

 hat an den Lernstationen

Gesunde Ernährung

mit großem Erfolg teilgenommen.

_____
Ort und Datum

_____
Unterschrift

Meine Lieblingsrezepte

Von: _____

Verzauberte Waffeln

Zutaten:

 1 Ei

 20 ml Milch

 130 g Mehl

 100 g Möhren

100 g Kohlrabi

 2 Lauchzwiebeln

 2 EL Wasser

 Salz

 Pfeffer

 Öl

Zubereitung:

Das Ei mit der Milch verquirlen und dann unter das Mehl

heben .

Möhren , Kohlrabi  und Lauchzwiebeln  waschen ,

schälen und raspeln .

Gemüse in den Teig geben und verrühren .

Ist der Teig zu dick, etwas Wasser 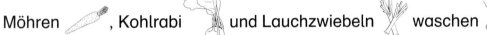 dazugeben. Den Teig mit Salz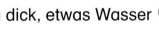

und Pfeffer abschmecken.

Nun kannst du den Teig auf einem Waffeleisen backen.

Dazu etwas Öl auf das Eisen geben und dann den

Teig mit einer Kelle auf das heiße Eisen fließen lassen.

Möhrensalat

Zutaten:

 4 Möhren

 2 Äpfel

 4 EL Wasser

 4 EL Zitronensaft

 2 TL Zucker

 2 EL Öl

 Salz

Zubereitung:

Öl und Wasser in eine Schüssel geben.

Zitrone halbieren und auspressen .

4 EL Zitronensaft in die Schüssel geben.

Möhren waschen 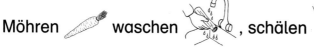, schälen und raspeln .

Äpfel waschen, schälen, Kerngehäuse entfernen

und raspeln .

Möhren , Äpfel  und Soße mischen.

Salz und Zucker dazugeben.

Christine Schub: Lernstationen inklusiv – Gesunde Ernährung
© Persen Verlag

Zutaten:

_____

_____

_____

_____

_____

Zubereitung:

_____

_____

_____

_____

_____

_____

_____

_____

_____

_____

Memory

Die Karten auf festes Papier kopieren und ausschneiden. Alle Karten mischen und mit der Bild-
bzw. Schriftseite nach unten auf dem Tisch verteilen. Reihum darf jeder zwei Karten umdrehen,
passen sie zusammen, dürfen sie behalten werden.

Das Spiel kann in drei Schwierigkeitsstufen gespielt werden.

Auf der leichtesten Stufe müssen die Bilder übereinstimmen.
Hierzu die Karten zweimal kopieren und nur die Bildkarten ausschneiden.

Auf der mittleren Stufe müssen Bild- und Wortkarte übereinstimmen.

Auf der schwersten Stufe müssen die Wortkarten übereinstimmen.
Hierzu die Karten zweimal kopieren und nur die Wortkarten ausschneiden.

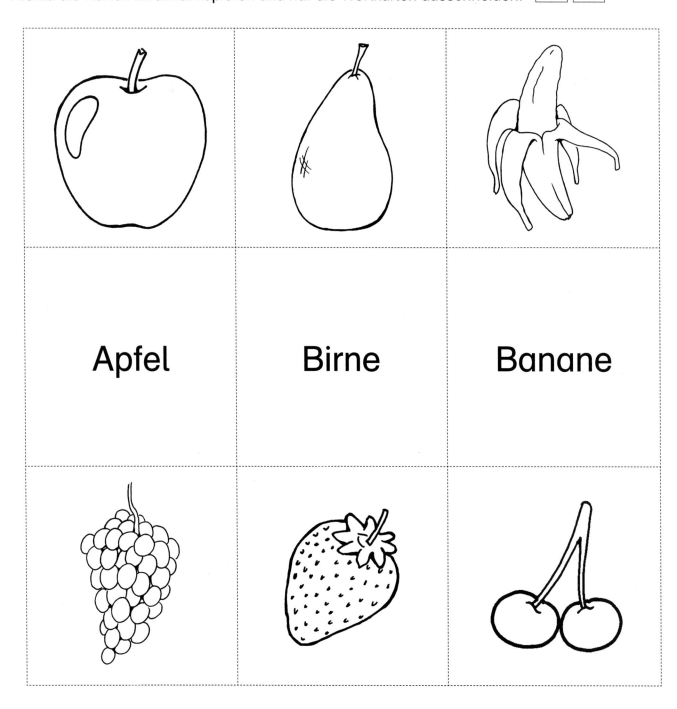

Christine Schub: Lernstationen inklusiv – Gesunde Ernährung
© Persen Verlag

Weintrauben	Erdbeere	Kirschen
Ananas	Orangen	Heidelbeeren

Pflaume	Kürbis	Blumenkohl
Gurke	Kartoffeln	Tomate

Brokkoli	Möhre	Lauch/ Porree

Spargel	Aubergine	Avocado

	Paprika

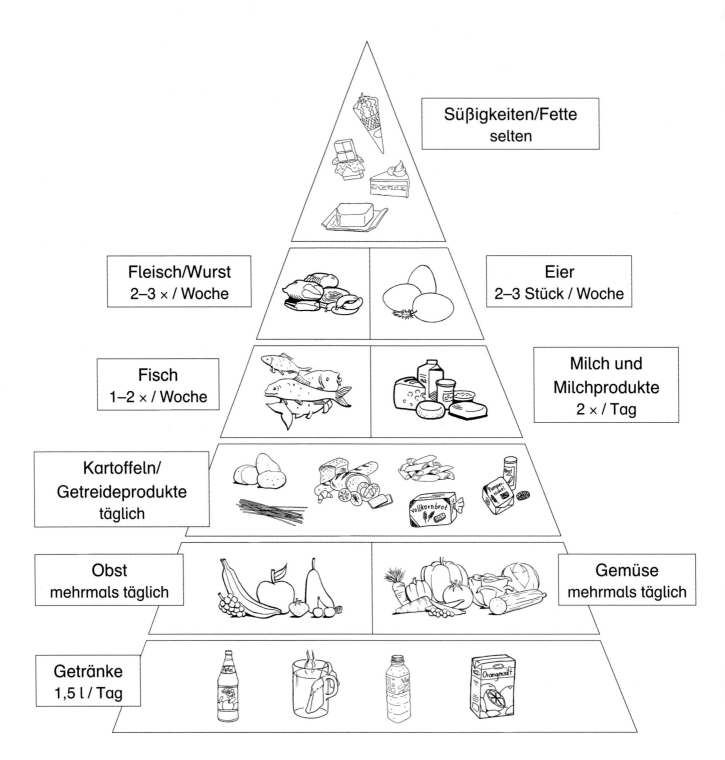

Süßigkeiten/Fette
selten

Fleisch/Wurst
2–3 × / Woche

Eier
2–3 Stück / Woche

Fisch
1–2 × / Woche

Milch und
Milchprodukte
2 × / Tag

Kartoffeln/
Getreideprodukte
täglich

Obst
mehrmals täglich

Gemüse
mehrmals täglich

Getränke
1,5 l / Tag

Christine Schub: Lernstationen inklusiv – Gesunde Ernährung
© Persen Verlag

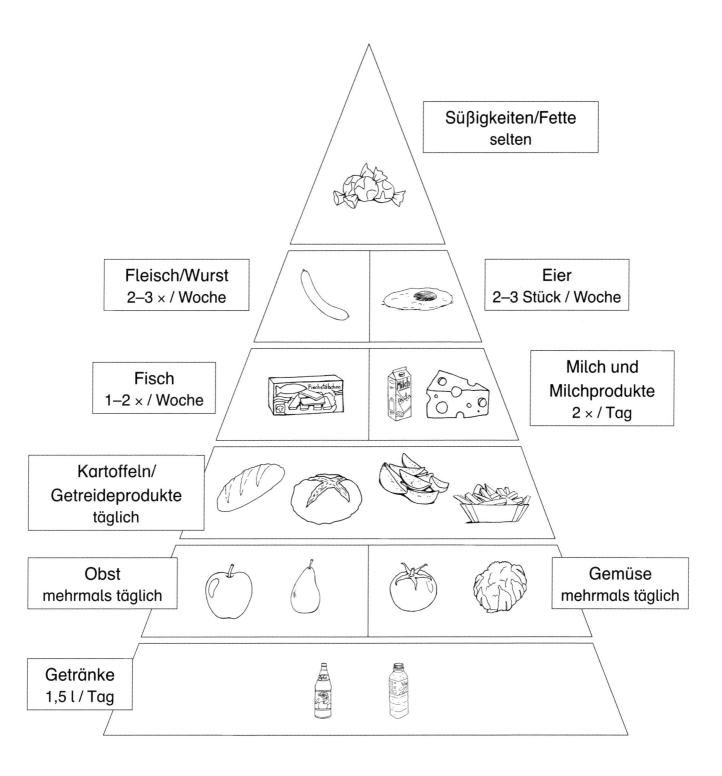

Süßigkeiten/Fette
selten

Fleisch/Wurst
2–3 × / Woche

Eier
2–3 Stück / Woche

Fisch
1–2 × / Woche

Milch und
Milchprodukte
2 × / Tag

Kartoffeln/
Getreideprodukte
täglich

Obst
mehrmals täglich

Gemüse
mehrmals täglich

Getränke
1,5 l / Tag

Welches Obst und Gemüse kennst du? Beschrifte.
Male danach in den richtigen Farben an.

Apfel

Birne

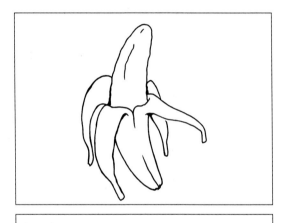

Banane

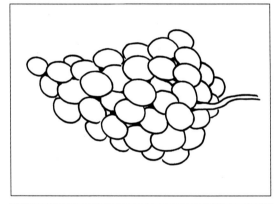

Weintrauben

Erdbeere

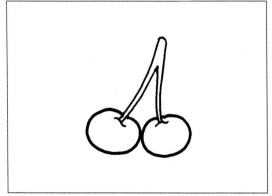

Kirschen

Himbeeren

Ananas

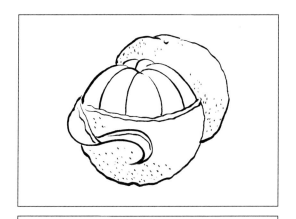

Orange

Zitrone

Pflaume

Heidelbeeren

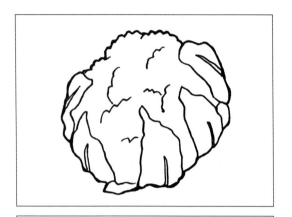

Blumenkohl

Gurke

Kartoffeln

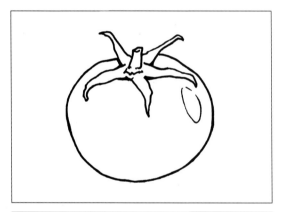

Tomate

Brokkoli

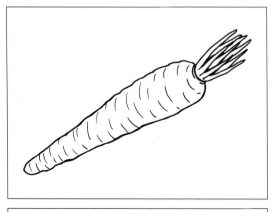

Möhre/Rübe

Kürbis

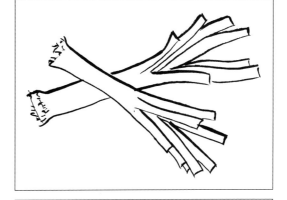

Lauch/Porree

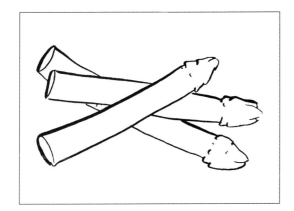

Spargel

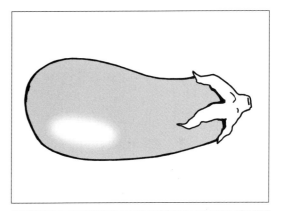

Aubergine

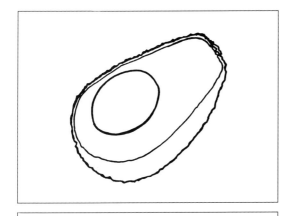

Avocado

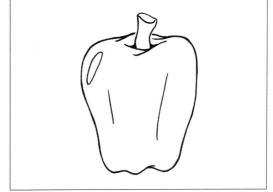

Paprika

Welches Obst und Gemüse kennst du? Verbinde.

 Male danach in den richtigen Farben an.

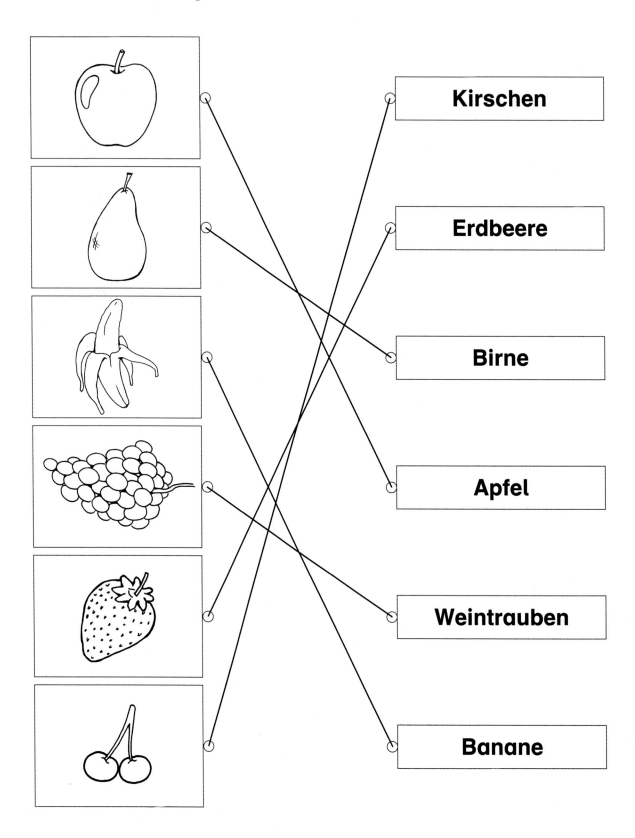

Kirschen

Erdbeere

Birne

Apfel

Weintrauben

Banane

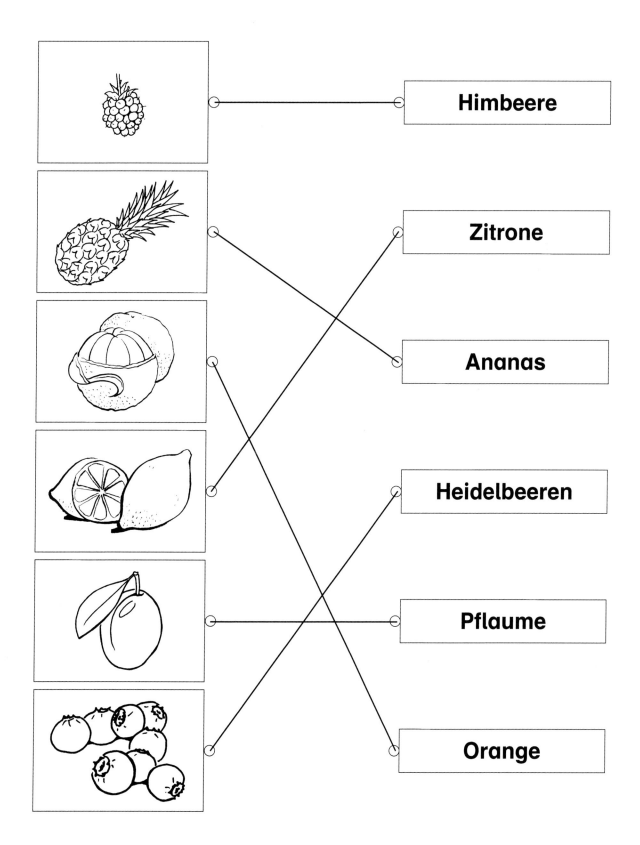

	Himbeere
	Zitrone
	Ananas
	Heidelbeeren
	Pflaume
	Orange

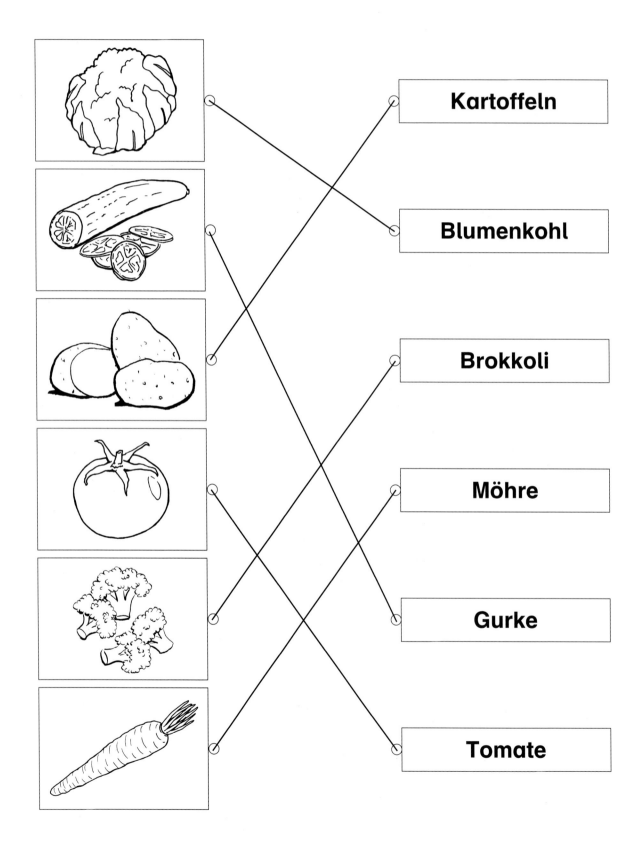

Kartoffeln

Blumenkohl

Brokkoli

Möhre

Gurke

Tomate

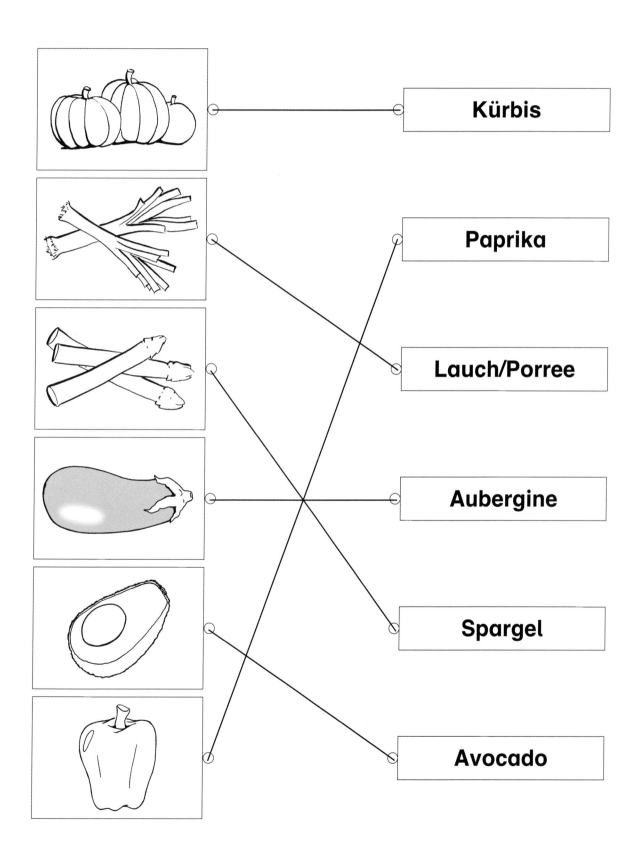

Kürbis

Paprika

Lauch/Porree

Aubergine

Spargel

Avocado

Welches Obst und Gemüse kennst du?
Male in den richtigen Farben an.

 **Apfel**

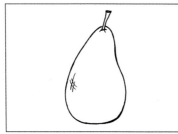 **Birne**

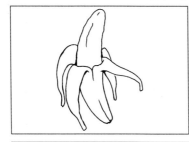 **Banane**

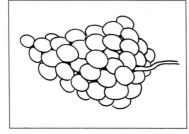 **Weintrauben**

 **Erdbeere**

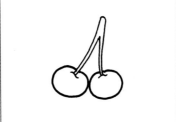 **Kirschen**

Hinweis: Die Bilder müssten für die Selbstkontrolle in den entsprechenden Farben angemalt werden.

Christine Schub: Lernstationen inklusiv – Gesunde Ernährung
© Persen Verlag

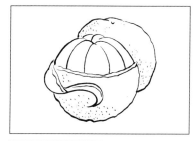

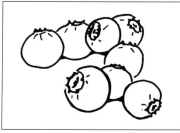

| **Himbeere** |
| **Ananas** |
| **Orange** |
| **Zitrone** |
| **Pflaume** |
| **Heidelbeeren** |

Hinweis: Die Bilder müssten für die Selbstkontrolle in den entsprechenden Farben angemalt werden.

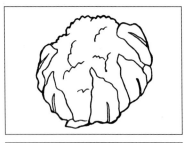
Blumenkohl

Gurke

Kartoffeln

Tomate

Brokkoli

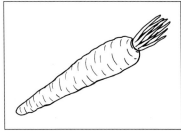
Möhre

Hinweis: Die Bilder müssten für die Selbstkontrolle in den entsprechenden Farben angemalt werden.

Kürbis

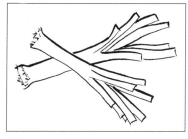

Lauch/Porree

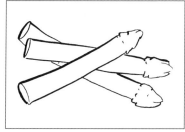

Spargel

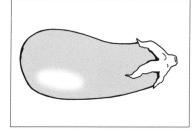

Aubergine

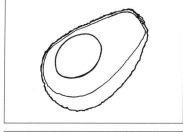

Avocado

Paprika

Hinweis: Die Bilder müssten für die Selbstkontrolle in den entsprechenden Farben angemalt werden.

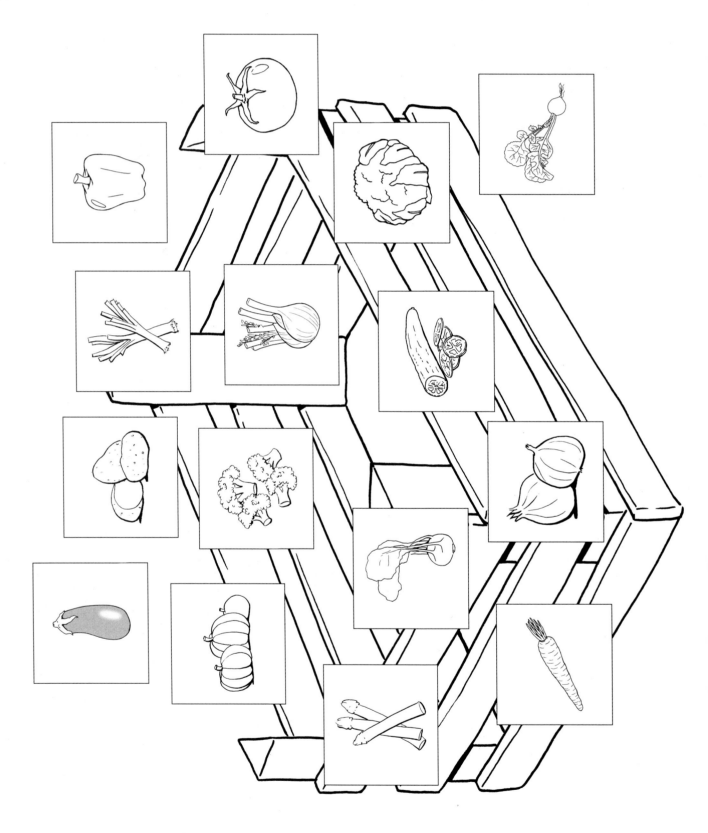

Christine Schub: Lernstationen inklusiv – Gesunde Ernährung
© Persen Verlag

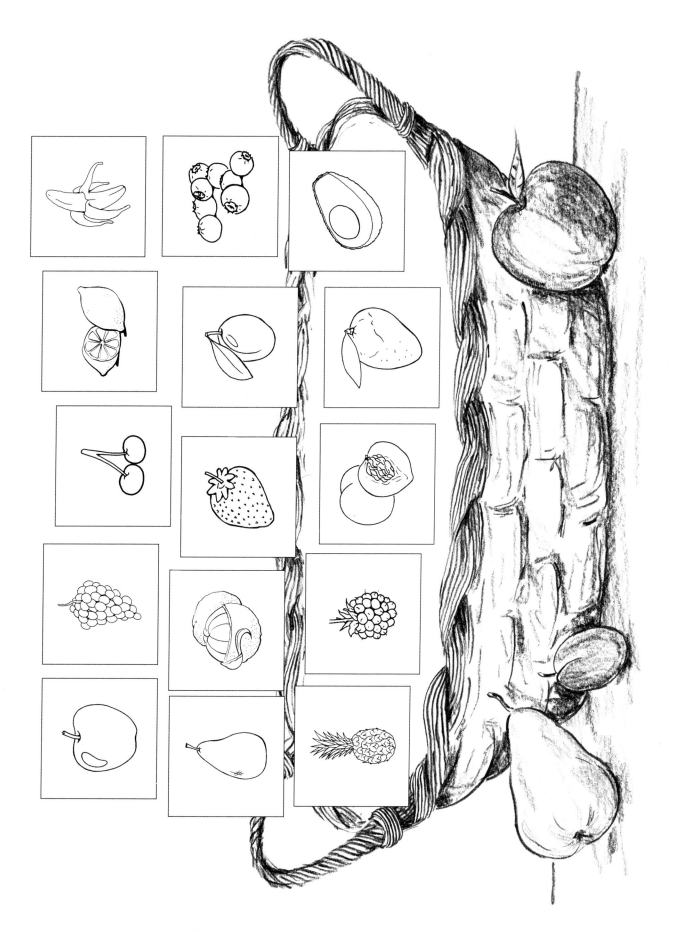

Gut zu wissen!

Gemüse

Gemüse, das unter freiem Himmel angebaut wird, nennt man **Feldgemüse**.
Bestimmt kennst du einiges an Feldgemüse wie zum Beispiel Salat und Kohlgewächse.

Schreibe weitere Feldgemüsearten auf:

Möhren, Petersilie, Zwiebeln, Gurke, Spargel ...

Nach den Erntezeiten unterscheidet man zwischen Frühgemüse, Sommergemüse, Herbstgemüse und Wintergemüse. Diese Einteilung war früher von besonderer Bedeutung für die Ernährung.

Frühgemüse bezeichnet das Gemüse, was als Erstes im Jahr geerntet wird. Meistens umfasst das die Zeit von April bis Juni. Zum Frühgemüse gehören Radieschen, Rhabarber und Kohlrabi.

Nach dem Frühgemüse wird das **Sommergemüse** geerntet, zum Beispiel Aubergine oder Fenchel.

Herbstgemüse wird im Herbst geerntet. Es kann kalte Temperaturen und auch Trockenheit gut vertragen. Feldsalat gehört zum Herbstgemüse.

Wintergemüse wird im Winter geerntet und kann lange gelagert werden. Rosenkohl, Grünkohl und Schwarzer Rettich gehören zum Wintergemüse.

Weißt du, warum diese Unterscheidung heute nicht mehr passend ist?
Informiere dich und schreibe auf.

Jegliche Art von Gemüse kann heute dank moderner Gewächshäuser das ganze Jahr über angebaut werden.

Christine Schub: Lernstationen inklusiv – Gesunde Ernährung
© Persen Verlag

Obst

Bei Obst unterscheidet man in der Regel zwischen Steinobst, Kernobst, Schalenobst, Beerenobst und Südfrüchte.

Bei **Steinobst** findet sich in der Mitte ein harter Kern. Pflaumen und Mirabelle sind Steinobst. Welches Steinobst kennst du noch?

Nektarine, Aprikose, Kirsche, Pfirsich ...

Äpfel und Birnen sind **Kernobst**. Warum?

Kernobst erkennt man an seinem Kerngehäuse.

Schalenobst hat eine harte Schale. Nüsse gehören zum Schalenobst.

Beerenobst ist meist klein, rundlich und weich. Schreibe einiges auf.

Erdbeere, Brombeere, Stachelbeere, Sanddorn, Johannisbeere,

Himbeere, Preiselbeere

Südfrüchte kommen von weit her in unser Land. Man sagt auch „exotische Früchte" oder „Flugobst". Bananen, Sternfrucht und Limette sind Südfrüchte.
Weitere Südfrüchte kannst du in dem Gitterrätsel finden. Es sind 7 Früchte.

P	A	W	E	M	R	T	Z	U	I	L	O
A	N	K	H	A	G	F	D	S	A	I	P
P	A	I	J	N	K	L	M	N	B	T	V
A	N	W	W	G	M	V	C	L	K	S	C
Y	A	I	E	O	R	A	N	G	E	C	X
A	S	H	T	T	N	B	X	Y	J	H	Y
J	I	G	R	A	P	E	F	R	U	I	T
Z	U	L	O	P	L	K	J	H	G	F	A
T	R	E	W	S	A	D	F	G	H	D	S

Wann kannst du das Obst und Gemüse bei uns ernten? Kreuze an.

	Januar	Februar	März	April	Mai	Juni	Juli	August	September	Oktober	November	Dezember
Apfel								X	X	X		
Birne							X	X	X	X		
Erdbeeren					X	X	X					
Kirschen					X	X	X	X				
Tomate							X	X	X	X		

	Januar	Februar	März	April	Mai	Juni	Juli	August	September	Oktober	November	Dezember
Möhren							X	X	X	X		
Kohlrabi					X	X	X	X	X	X		

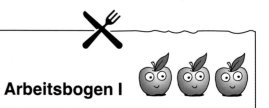
Woher kommt die Milch?

Kuh (Schaf, Ziege, Büffel, Kamel ...)

Milch ist in vielen Lebensmitteln enthalten, zum Beispiel in Käse.
Diese Lebensmittel nennt man **Milchprodukte**.
Schreibe alle Milchprodukte auf, die du kennst.

Milch, Joghurt, Schmand, Sahne, Butter, Frischkäse,

Quark, Kaffeesahne, saure Sahne, Crème fraîche, Kefir,

Buttermilch

Milch ist gesund. Weißt du warum? Informiere dich und schreibe deine Antwort auf.

Milch enthält viel Kalzium. Das ist gut für den Aufbau und

den Erhalt von Knochen. Außerdem ist Kalzium wichtig für

die Muskeln.

Christine Schub: Lernstationen inklusiv – Gesunde Ernährung
© Persen Verlag

Woher kommt die Milch?

Kuh (Schaf, Ziege, Büffel, Kamel ...)

Milch ist in vielen Lebensmitteln enthalten, zum Beispiel in Käse.
Diese Lebensmittel nennt man **Milchprodukte**.
Schreibe alle Milchprodukte auf, die du kennst. Die Wörter unten helfen dir.
Du darfst aber auch noch andere Produkte aufschreiben.

Milch, Käse, Joghurt, Schmand, Sahne, Butter, Frischkäse,

Speisequark, Kaffeesahne, saure Sahne, Crème fraîche, Kefir,

Buttermilch u.v.m.

Milch	Banane	Käse	Mehl	Joghurt
Schokolade	Schmand	Sahne	Butter	Buttermilch
Frischkäse	Nudeln	Speisequark	Brot	

Milch ist gesund. Weißt du warum? Informiere dich und schreibe deine Antwort auf.

Milch ist eine weiße, undurchsichtige Flüssigkeit. Milch wird von Tieren gewonnen.
Am bekanntesten ist die Kuhmilch. Es gibt aber auch andere Tiere, die Milch geben
wie Schafe und Ziegen, aber auch Kamele und Büffel. In Milch ist viel Kalzium
enthalten. Kalzium braucht der Mensch für den Knochenbau. In Milch steckt neben
Kalzium auch viel Kalium, Jod und Magnesium. All dies ist gut für Knochen, Zähne
und Muskeln.

Milch enthält viel Kalzium. Das ist gut für den Knochenbau.

Kalzium ist auch wichtig für Zähne und Muskeln.

Welche Tiere geben Milch? Kreise ein.

Hund — Kuh — Huhn — Katze

Ziege — Schaf — Schwein — Büffel

Was besteht aus Milch? Kreise ein

Käse — Erdbeeren — Milch — Schwarzbrot

Speisequark — Orangensaft — Sahne — Joghurt — Butter

* Schneide aus Prospekten alle Milchprodukte aus und erstelle ein Plakat.

Christine Schub: Lernstationen inklusiv – Gesunde Ernährung
© Persen Verlag

Viele Lebensmittel enthalten Zucker. Wie viel Zucker in jedem Lebensmittel steckt, kannst du auf der jeweiligen Packung nachlesen. Oft sind diese Angaben aber schwer zu verstehen. Daher versuche, die Anzahl der enthaltenen Stückchen Würfelzucker zu schätzen. Trage sie in die Tabelle ein. Kontrolliere.

Lebensmittel	Vermutung	Tatsächliche Anzahl
1 l Apfelsaft		*ca. 40 Stück*
1 l Cola		*ca. 30 Stück*
1 l Orangensaft		*ca. 33 Stück*
100 g Nutella		*ca. 7 Stück*
500 g Honig		*ca. 133 Stück*
450 g Marmelade		*ca. 105 Stück*
100 g Vollmilchschokolade		*ca. 19 Stück*
250 g Fruchtjoghurt		*ca. 13 Stück*
100 g Milchschnitte		*ca. 8 Stück*

Gesund, gesünder ...

Entscheide, welches der beiden Lebensmittel gesünder ist.
Streiche das ungesündere durch.

 Vollkornbrot

 ~~Toastbrot~~

 Müsli

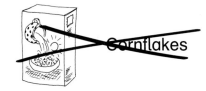 ~~Cornflakes~~

 Joghurt

 ~~Schokopudding~~

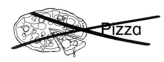 ~~Pizza~~

 Salat

 Kartoffelpüree

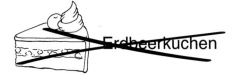 ~~Currywurst~~

 Obstsalat

 ~~Erdbeerkuchen~~

 ~~Fischstäbchen~~

 Lachsfilet

 ~~Salami~~

 Putenwurst

Literaturhinweise

Floto-Stammen, Sonja: Pocket-Quiz Essen & Trinken. Moses 2006. (Spiel)

Floto-Stammen, Sonja: WAS ist WAS? Band 127: Ernährung. Tessloff Verlag, 2009.

Geißbrecht-Taferner: Die Gemüse-Detektive. Bohne & Co auf der Spur. Ökotopia, 2008.

Gellersen, Ruth: Das spannende Sach- und Mitmachbuch: Ernährung. Esslinger Verlag, 2009.

Gellersen, Ruth: Experimente rund um die Ernährung. Esslinger Verlag, 2009.

Hille, Astrid/Schäfer, Dina: Spielen & Lernen: Bananen-Quark macht affenstark. Schlauer essen und bewegen. Velber, 2008.

Lebot, Sophie/Hédelin, Pascale: Alles über Obst und Gemüse. Esslinger Verlag, 2007.

Lück, Gisela: Kosmolino Experimentierbuch – Richtige Ernährung. Äpfel, Limo, Eier – was im Essen steckt. Kosmos, 2008.

Rübel, Doris: Wieso? Weshalb? Warum? Unser Essen. Ravensburger, 2002.

Szesny, Susanne/Volmert, Julia: Bert, der Gemüsekobold oder warum man gesunde Sachen essen soll. Albarello, 2003.

Aufbau der Ernährungspyramide:
nach Empfehlung der Deutschen Gesellschaft für Ernährung

DVD

WAS ist WAS-TV: Ernährung. Tessloff Verlag, 2010.

Internetseiten für Kinder

http://www.jolinchen.de/rd

http://www.wie-fruehstueckt-die-welt.de

http://www.oekolandbau.de/kinder/

http://129.70.40.49/nawi/lernprogramme/ernaehrung/

http://www.kidsweb.de